ちくま新書

キェルケゴール
——生の苦悩に向き合う哲学

鈴木祐丞
Suzuki Yusuke

1772

キェルケゴール——生の苦悩に向き合う哲学【目次】

*凡例

一、本文中で言及するキェルケゴールの著作の文献情報および略記については、巻末の参考文献を参照されたい。

一、引用文中の「(…)」は、原文の一部を省略していることを表す。

一、引用文中の〔 〕内は、引用者による補足である。

一、欧文の斜字体は、邦文では傍点で表した。

一、原文をパラフレーズしての引用は、基本的に、当該部分を「――。」という形でしめくくることで明示した。なお、この場合は引用元の文献情報は明記していない。

一、聖書からの引用にあたっては、新共同訳を用いた。

はじめに

セーレン・キェルケゴール（一八一三〜一八五五）は、キリスト教プロテスタント・ルター派を国教とする北欧の小国デンマークを生きた。コペンハーゲン大学で哲学や神学を学び、ソクラテスやヘーゲル、ルターらからのさまざまな影響のもとに思想を構築した。著作家として創作活動を進め、『おそれとおののき』や『不安の概念』、『死に至る病』などの後世に名を残す作品を生み出した。「単独者」「不安」「絶望」といった概念に象徴される、反思弁的で主体的な実存の思想により、死後、実存哲学（実存主義）や弁証法神学といった思想潮流の形成に一役買った。二一世紀以降も、たとえば実在論哲学など、思想界に一定の影響を及ぼしつづけている。

「キェルケゴール」について手近なツールでざっと調べてみると、おおむねこのような理解がもたらされることになる。キェルケゴールは今日では、過去の偉大な「思想家」の一人と認識されているようだ。

さてここで、彼と同時代、一九世紀なかごろのコペンハーゲンの街に降り立ってみよう。キェルケゴールという人は街ゆく人々の目にどのように映っていたのだろう。

レギーネ・オルセンという一回り近く年下の女性を口説き落として婚約しながら、一方的にそれを破棄した誘惑者。『あれか、これか』という一風変わった恋愛私小説がベストセラーとなり、一躍時代の寵児となった才人。たいして売れるわけでもない哲学や心理学の小難しい思想書をたくさん、筆名をあれこれ変えながら世に送りつづけた、想像力の尽きることのない文筆家。そしてまたその一方で、真剣で退屈な宗教書を飽くことなく書きつづけもした熱心な宗教家。父親から多額の遺産を相続し、牧師などの定職に就くことなく日々を暮らしつづけることができた成金。それでもごくまれに、気が向くと教会で講話を（聴きとれないほどの小声でぼそぼそと）垂れた、牧師まがいの者。自分の著作に辛口の書評を加えたゴシップ紙に喧嘩を売って、かえって自分の身なりなどを嘲笑の種にされ、社会から孤立していった変人。そして社会から完全に距離を置くようになってしまい、ついには体制派キリスト教という権威に歯向かい、最後には公然とその批判のキャンペーンを繰り広げて死んでいった不憫《ふびん》な活動家……。

ある良識あるコペンハーゲン人は、亡くなった彼を評して、共鳴板のひび割れた高貴な楽器、とこぼした。とても豊かに鳴り響き、人々の心を満たすだけのポテンシャルをもっていたはずのヴァイオリン。だがそれは、どこかに不具合が生じて台無しになってしまい、結局すっかり耳障りな音しか出せなくなってしまった。もっと違った、もっとまっとうな人生を歩んでいれば、彼の言葉はずっと美しく響いたことだろうし、多くの人がそれを耳にして喜びを得たことだろうに……。キェルケゴールの一生とはそんなものだった、と。

話を戻そう。キェルケゴールと同時代の人々からすれば、彼をどう評するにせよ、彼は「思想家」などという無害なカテゴリーに落ち着かせることなどできない人物だったことは間違いなさそうだ。冒頭にまとめたキェルケゴールについての一般的認識は、じつはキェルケゴールという異常な人物の生のほとぼりが冷めたあと、デン

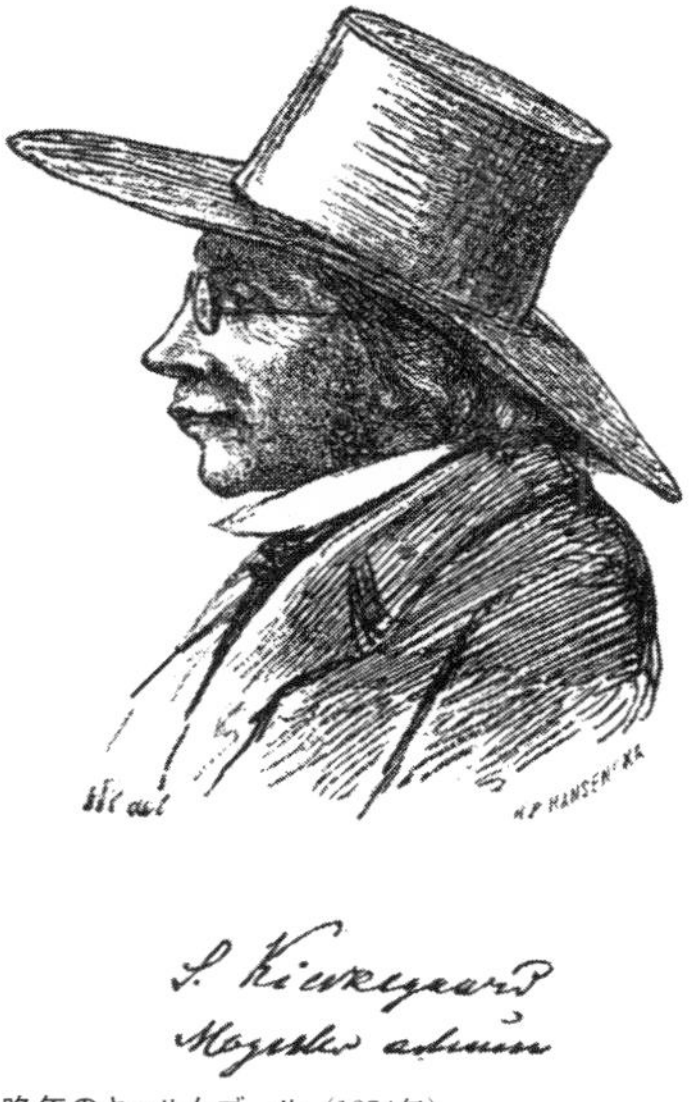

晩年のキェルケゴール（1854年）

マークからは遠い異国の思想界において形成されてきた理解が基礎になっている。彼の死後五十年以上を経て、おもにドイツ語圏の思想家たちが、自分たちの抱える哲学や神学の問題に、彼の著作とその思想を取り込んだのである。ここに端を発する理解は、戦後は日本にも入ってきた。同時代人たちが見たキェルケゴールは、むしろスキャンダルだった。

一九九〇年代を境に、キェルケゴール研究は大きく変わった。それまでは、今述べたように、おもにドイツ語圏の思想家たちによるキェルケゴール理解を基点に、研究が進められることが多かった。だが一九九〇年代以降は、一九世紀なかごろのデンマーク社会を生きたキェルケゴールその人にきちんと定位すべく、高い解像度で彼の実像を捉えようとする試みがなされるようになった。

まずは研究のための足場が整えられた。具体的には、キェルケゴールについての知人や友人たちの証言録の集積が行われた[1]。また、それを一つの資料として、キェルケゴールの生涯をめぐる壮大で綿密な実証的研究がなされ、決定版とも呼びうる伝記が作成された[2]。そして、最新版のデンマーク語原典全集が、彼の生誕二〇〇年にあたる二〇一三年、一五年近くの歳月を経て刊行の完結を見た[3]。この全集は、キェルケゴールが整えたままの手稿を再現することを理念として編集され、また著作のみならず日記もすべて収録している。

こうした研究潮流の変化のなかで、当然のことながら、研究の中心は本国デンマークの学者たちが担うようになり、並行して、ドイツ語や英語ではなくデンマーク語でキェルケゴールを読むことが、研究における標準的なこととなった。

とくに二〇〇〇年以降になると、これらを足場に、キェルケゴールの思想についての新しい解釈を提示する、さまざまな研究が姿を現すようになった。たとえば、キェルケゴールが著作のなかで展開する思弁思想批判は、かつてはヘーゲル批判と同一視されることがほとんどだった。だが現在では、じつはそれらの多くは、ヘーゲル哲学を信仰の領域に持ち込んだ同時代のデンマークの思想家たちへの批判であることが判明してきている(4)。

つまり、キェルケゴールが著作で示す思想について、一九世紀のデンマークという彼自身の思考の文脈に即した、より正確な解釈がもたらされてきているわけである。

キェルケゴールとは何者なのか。近年のこうした諸成果を活用することで、思想家というカテゴリーには収まりきらない、キェルケゴールという特異な人物の全体像を復元させることが、今、可能になりつつあるのである。本書はここに形をとる、キェルケゴールの入門書である。なぜ彼は、先に示したようなスキャンダラスな人生を、コペンハーゲンの街を舞台にして送らなければならなかったのか。その彼が生み出した、哲学や神学に分類の過程で後世に名を残す著作をものす一方、どうしたわけかスキャンダラスな人生を送らあげるべきだと、切に思う。神に仕えるスパイという使命を（勝手に）確信し、その活動に携わってきた者の一人として、私は、まずはそのありのままの姿で彼のことを理解して当たらないのが、普通のことかもしれない。だが、長らくキェルケゴールという人の研究わめて自然なことである。というより、それ以外の仕方で彼を理解する可能性にすら思い学者として、思想家として捉え、そのカテゴリーにはめこんで理解しようとするのは、きほとんどだろう。そこで彼に関心を寄せるようになる稀有な人がいるとして、彼のことを今日、キェルケゴールという人の名を目にするのは、哲学や倫理学の文脈であることが

ゆえあって市井の人々や、体制派キリスト教とも対立する羽目になったのである。ティがあった。そしてその彼が、ゆえあってときに著作を執筆し刊行したのであり、またキリスト教界にキリスト教を再導入するという任務を遂行した。ここに彼のアイデンティ

ここではごく簡潔に述べよう。キェルケゴールは、基本的に神に仕えるスパイとして、

の全体を統一的に把握し提示することを目指す。したのか、基本的なアイデンティティを見定める。そしてそれを導きの糸として、彼の生されたさまざまな資料や知見を活用し、キェルケゴールという人がどのように生きようとされうる著作や思想は、その風変わりな人生とどのように関係していたのか。近年もたら

ざるをえなくなってしまった、一人の弱く不器用な人物として。そのようにこそ彼は生きたのだから。

神に仕えるスパイという視座からキェルケゴールの全体像を捉えること。そのためには、彼が死後の出版を見越して書き残した、膨大な量の日記を読み解くことが必要となる。日記を手がかりにして彼の全体像を立ち上がらせることで、彼の思想家としての側面についての理解も深まる。たとえば『死に至る病』など、彼の著作と思想についてのより正確な理解が可能になる。

そしてもう一つ。じつはキェルケゴールは、著作の内容とはまったく別の次元で、きわめて重要なメッセージを後世のわれわれに向けて発している。そしてそれは、そのようにして彼の全体像を復元させるとき、はじめて掬い取ることが可能なものなのである。そのメッセージとはいったいいかなるものか。それについては本書の最後で確認することにしよう。

本書の構成は以下のとおりである。

まず、キェルケゴールの全体像を捉えるための、骨組みを構築する（序章）。キェルケゴールは、自分がかかわった罪への深い懺悔《ざんげ》の意識から、神のために生涯を捧げようと決意する。そして、キリスト教が形骸化して露命をつなぐばかりになり果てた社会、キリスト教界に、人間に救いをもたらす真理、本来のキリスト教を再導入することに、自分に割り当てられた任務を見る。彼はこの任務を、著作を一つのツールとする裏工作によって遂行しようとする。約言すれば彼は、基本的に神に仕えるスパイとして、その一生を送るのである。

このことを確認したうえで、キェルケゴールの生涯を時系列に沿ってたどり、この骨組みにさまざまな肉付けを施すことで、彼の全体像を立ち上がらせていく。

まず、キェルケゴールがいかにして神に仕えるスパイという基本的なアイデンティティを自覚したのか、誕生から青年期までの生をたどる（第1章、2章）。神に仕えるスパイは、キリスト教界にキリスト教を再導入するという任務を、著作家活動をつうじて果たそうとする。著作家活動全体のデザインを確認し（第3章）、いくつかの著作を概観してその活動の内実を捉える（第4章、5章）。彼は次第に、結婚もできず定職にも就けず、神に仕えるスパイとして活動しつづけなくてはならないという自分の所定の生のあり方に、疑問を抱くようになる。その逡巡の様子をたどる（第6章）。その末に彼は意を決し、今度はより大胆に、キリスト教界に生息するデンマーク国教会の牧師たちとの対立の火種をはらむ、新しい著作家活動へと乗り出し、任務を果たそうとする。この著作家活動について、やはりその全体のデザインを確認したうえで、いくつかの著作を概観することで、全貌の把握を試みる（第7章）。

これでキェルケゴールは、著作家としては、やれることはすべてやりきった。だが彼は次第に、キリスト教界にキリスト教を再導入するためには、スパイとして身を隠しながらではなく、活動家として直接人々に言葉を投げかけねばならないと考えるようになる。この転身に際しての彼の思索をたどる（第8章）。そしてスパイから活動家に身を転じた彼が、最晩年に精魂を傾けた、国教会の牧師たちを向こうに回しての、体制派キリスト教への批判のキャンペーンを概観する（第9章）。彼はその途次で命を落とすのであり、その最期の日々を見つめる（終章）。

このように、神に仕えるスパイという基本的なアイデンティティを骨組みにして、彼の全体像を立ち上げてみると、じつは彼が、後世のわれわれに対しても、神に仕えるスパイとして向き合い、自分の任務を果たそうとしていることが垣間見えてくる。彼がわれわれに何を伝えようとしているのか、最後に確認する（おわりに）。

注

（1）Bruce H. Kirmmse, *Encounters with Kierkegaard*, Princeton: Princeton University Press, 1996.

（2）Joakim Garff, SAK: *Søren Aabye Kierkegaard, En Biografi*, København: Gads Forlag, 2000.

（3）*Søren Kierkegaards Skrifter*, bd. 1-28, K1-28, udg. af Niels Jørgen Cappelørn, Joakim Garff, Anne Mette Hansen og Johnny Kondrup, København: Søren Kierkegaard Forskningscenteret og G. E. C. Gads Forlag, 1997-2013.

（4）Jon Stewart, *Kierkegaard's Relations to Hegel Reconsidered*, Cambridge: Cambridge University Press, 2003.（ジョン・スチュアート『キェルケゴールは反ヘーゲル主義者だったのか?——彼のヘーゲルへの関わりを再吟味する』桝形公也監訳、萌書房、二〇二三年）

序章

神に仕えるスパイ

本書では、一九世紀のデンマークを生きたセーレン・キェルケゴールという謎めいた人物の、全体像を浮かび上がらせたい。今日では彼は、著名な思想家として捉えられることがほとんどであると思われるが、思想家としての側面を一部として含む、彼のあるがままの本来の姿に迫る。そのことにより、思想家としての彼が生み出した著作や思想についてのより正確な理解が可能になるとともに、彼が後世に残している重要なメッセージが発見されるはずである。

じつはキェルケゴールの生涯を漫然と眺め、彼にまつわる出来事や著作の出版史をたどってみても、彼の全体像はぼやけたまま、なかなか明確な輪郭を結びにくい。そこで、序章ではまず、そもそもキェルケゴールがその生涯をつうじて、いったい何をやろうとしていたのか、彼の生涯に流れる通奏低音を明らかにしておきたい。キェルケゴールが自分自身を何者と認識していたのか、そのアイデンティティを解き明かしておくということでもある。そしてそれが、次章以降で彼の生の全体像を立ち上がらせるための骨組みとなる。

1 キリスト教界にキリスト教を再導入すること

†キェルケゴールをめぐる謎

キェルケゴールは、先に素描したように、著作の執筆と刊行を中心とする活動に終生携わりながら、とはいえおよそ思想家というカテゴリーだけをもってしては捉えにくい、きわめて謎めいた生を送った。

ここでたとえば、彼の代表作とされる『死に至る病』を取り上げてみよう。その書にもやはり、同様の謎が見え隠れしているのである。『死に至る病』は絶望という人間心理の分析を内実とするものであり、一見通常の思想書のようではある。だが彼によれば、それはじつは、読者を絶望という死に至る病からの治療へ向けて進ませるための書だという。いわば、キェルケゴール扮する医者が、死に至る病という病気の診断を、読者に対して臨床的に下そうとするのである。思想家は普通、蓄積された学術的伝統を背景に自らの思想を構築し、それを論文や本などをつうじて世に問うのであり、読者を治療しようとはしない。

さてキェルケゴールは、その生涯をつうじて、いったい何をやろうとしていたのだろう。

†生涯の課題

『死に至る病』がその一例を示すように、キェルケゴールは終生、あれこれ趣向を凝らして著作を世に送りつづけた。その途次であるときふと、自分が著作の出版などによってそもそも何をしようとしているのか、人々に理解されないままになってしまうのではないかと懸念を抱くようになったことがある。そこで彼は、一八四八年に、『私の著作家活動への視点』（以下『視点』）という、自分が携わっている活動の概説書を書いた。つまり、彼は『視点』に、自身の謎めいた生の全体を理解するための鍵を託しているのである。

そのなかで彼はこう明言している。自分は、キリスト教界にキリスト教を再導入しようとしているのだ、と。

「キリスト教界」（Christenhed）とは、キェルケゴールによれば、誰もが生まれながらにキリスト者であると錯覚されている国、形式的な手続きさえ踏めば誰でもキリスト者として通用する社会のことである。かつて異教（ユダヤ教）の世界にキリスト教が導入されてから長い年月が過ぎた。ときは一九世紀のデンマーク。すでにキリスト教は長きにわたり、ヨーロッパの国々の支配的な宗教となっている。今やほとんど誰も、キリスト教をめぐって真剣に思いを巡らせたりはしないし、そのために生きることもしない。人々は神との関係について、せいぜい祝祭日に、それも他人事のように想像するくらいのことしかせず、自分自身の救いが懸かったリアルな問題として考えることはないようだ。こうしたキリスト教界にあっては、キリスト教を「再」導入するという課題が生じる。キェルケゴールはその任を担おうとしたのである。

キリスト教界にキリスト教を再導入すること。これを彼は自分の生涯の課題として見た。その課題に彼は、著作の執筆と刊行を中核とする活動をつうじて取り組んだ。そこに、彼の思想家としての側面も立ち現れたわけである。『死に至る病』もやはりその取り組みの一環だった。それは基本的に、絶望という死に至る病の診断を読者に下すことで、キリスト教の信仰によるその治療へとつなげようとする臨床的な書であり、同時に、絶望を分析した思想書の観も呈するのである。

†キリスト教の教え

キリスト教界にキリスト教を再導入すること、これがキェルケゴールの生涯の通奏低音であった。以下では、関連してさらに二点ほど考察を加え、次章以降でキェルケゴールの全体像を浮かび上がらせるための骨組みを整えておく。

ところで、その考察にあたっては、また次章以降の叙述においても、キェルケゴールがつねにそこを生き、そこで物事を考えた根本的な文脈であるところのキリスト教について、とくにプロテスタント・ルター派の教えについて、一定の理解をもっておくことがどうしても必要となってくる。そこで多少わき道に逸れることになるが、ここでその確認をしておこう。

ルター派では、おおむね次のような教えが説かれている。

天と地と、あらゆるものの造り主である唯一の神が存在する。神とは、永遠の、形体のない不可分な存在であり、無限の力と知恵と善を持つ。神は万物の創造主であり、同時にその維持者でもある。人間は、こうした神にかたどって創造された存在である。人類の始祖とされるのがアダムである。アダムはエデンの園におかれ、妻エバを与えられた。アダムとエバは死ぬことのない存在であり、永遠のいのちを享受していた。神はアダムに、園のすべての木から実を取って食べることを許したが、善悪の知識の木からだけは食べてはならないという戒めを与えた。ところがアダムとエバは、蛇の誘惑に負けて、善悪の知識の木から実を食べてしまった。ここに人間は、善悪を知るようになるとともに、永遠のいのちを喪失し、エデンの園という楽園から追放され、時のなかを生きることとなった。

この堕罪以降に生を享ける人間はみな、罪とともに生まれることになり、神を畏れず、信頼せず、肉欲を持つようになった。人間はこのようにして、生まれながらに不可避的に罪を担う存在となるに至ったのである。それでも神は、愛ゆえに人間を救おうと、人間を自らとの元来の正しい関係へと立ち戻らせるべく、時のなかへと介入し、人間の前に立ち現れる。それこそが神であり人であるという逆説的な存在、イエス・キリストである。

さて、こうして時のなかへと来たった神人キリストのことを、もちろん人間は正しく認識することができない。むしろその教えのゆえにキリストは人間から迫害され、苦しみ、十字架につけられ、そして死に、葬られた。だがこの死は、神と人間の和解のため、人間の原罪とあらゆる罪のための犠牲だったのである。キリストは犠牲の死によって人間の罪を贖《あがな》ったのであり、人間の罪は赦されるのである。そしてキリストは、十字架上での死後三日目に復活し、そののち天に上り、神の右に座し、永遠に統治する。そして、この世の終わりに、キリストは審判のために現われ、すべての死者を復活させる。敬虔《けいけん》な者たちには永遠のいのちと尽きることのない喜びを与え、不敬虔な者たちには苦しみを宣告することになる。

人間は自分の力や功績、業によって神の前に義とされることはない。このキリストへの信仰により、恩恵によってのみ義とされるのである。

2 〈実存哲学〉

†〈実存〉とは何か

話を戻そう。

キェルケゴールはキリスト教界にキリスト教を再導入することに自らの課題を見た。つまり彼は、神と人類をめぐる、このようないわば壮大な物語が有効性を失いつつあった一九世紀のデンマークにおいて、人々がそれにリアリティを見出して生き直すよう、あれこれ尽力したわけである。

それでは、キェルケゴールの全体像を立ち上がらせるための、この骨組みの補強作業に進もう。二つ考察を加える。

まず考えたいのは、彼がこの課題に、どのような方法で取り組もうとしたのかという点である。キリスト教界にキリスト教を再導入することが彼の課題であるとして、彼がそこでとりうる方法は、あれこれ考えられるだろう。キェルケゴールは牧師の有資格者でもあったのだから、デンマーク国教会の一牧師として、日々の宣教をつうじて、というのが正攻法かもしれない。だが、彼はもちろん、この正攻法はとらない。先述のキリスト教界のあり方が知らせるように、そもそも牧師たちの宣教の声に、もはや人々は真剣に耳を傾けなくなってしまっている事態こそが、問題の中心だからだ。

キェルケゴールは思案する。そして、キリスト教の教えのなかで、キリスト教界にそれを再導入するにあたって、とりわけ重要となるはずの要石を探し出すのである。それこそがキリスト教の核心であり、キリスト教界を生きる人々であっても決して見失ってはならない部分。そこにスポットライトを当てようとするのである。そこで彼がキリスト教の教えのなかから取り出すのが、彼固有の、実存の概念である。

「実存」(Existens) とは一般に、とくにキリスト教の教えのなかで見られた、現実の存在するものの姿のことである。すなわち、存在そのものとしての神から、それぞれの本質に存在を付与されて現前するようになった、個々の事物の具体的なあり方のことである。言い換えれば、神や永遠という相を遠景としたときの、人間をふくむ時間的で有限な事物のリアルな姿である。それ自体はキェルケゴールのオリジナルな概念ではない。哲学や神学の分野にかぎっても、中世スコラ哲学時代に、すでに実存の概念は散見される。一九世紀デンマークを生きるキェルケゴールは、キリスト教界にキリスト教を再導入するという意図のもと、この概念に多少のアレンジを施すのである。

キェルケゴールの理解では、実存と類比的な考え方は、すでに古代ギリシアの哲学者たちの思想にも見られる。人間を、時間的な肉体と、永遠不滅の魂という対立的な要素から構成されるものとして捉える理解がそれである。これには、死とは肉体という牢獄から魂が解放されることであるとか、人間は魂に配慮して生きねばならないといった理解が付随する。キェルケゴールは、そのような古代ギリシア的な人間観と対比させることで、キリスト教的な実存の概念の、ある部分にとりわけアクセントを付すのである。

キリスト教もやはり、永遠的なものを遠景に時間的な現実の存在を見、そこにキリスト教的な人間理解が、実存としての人間が、姿を現している。人間は、時間的な肉体と、永遠的な精神という、矛盾する二項の関係から成るという理解（『死に至る病』参照）がそれである。だがキリスト教にあっては、肉体の死後に精神が解放され、それで万事が済まされるわけではないことに留意すべきである。むしろそうではないところにこそ、キリスト教がキリスト教たるゆえんがあるのではないか。

すなわち、キリスト教には「罪」という障壁が存在する。人間は純然たる永遠性から、すなわち神から、罪という絶対的差異によって、橋渡ししえないほどに分け隔てられているのである。キェルケゴールの解釈では、キリスト教はとりわけ、神から罪によって隔てられ、この世に現実に存在するようになった人間の姿を見つめているのである。

キェルケゴールは、罪にアクセントを付して、キリスト教的な実存の概念を捉え直す。そして彼は、当然ながらそれと表裏一体のこととして、罪からの救いの意義にも目を向け、実存の概念を補完する。すなわち、罪深い人間は、それでも神に愛されており、人となった神（キリスト）による贖罪《しょくざい》の恩恵をつうじて、罪の赦しの手を差し伸べられているのである。

キェルケゴールはこのように、キリスト教界にキリスト教を再導入するという課題を前に、罪と救いのはざまを生きる者という、彼固有の実存の概念を彫琢するのである。これこそが決して見失われるべきではない、キリスト教の核心なのだ。古代ギリシア的な人間観と対比しての、さらにいえば多くのキリスト教神学者たちと対比しての、キェルケゴールのキリスト教理解の際立った特質は、このような、実存における罪の強調にある。罪の意識こそがキリスト教にとって欠くべからざる要件であり、罪の意識から解放されるような人間がいるとして、その人はもはやキリスト者ではありえないとまで、彼は言っている。

なお、本書ではあくまで便宜的に、罪と救いのはざまを生きる者というキェルケゴール的な実存の概念を、その特殊性を銘記するために、〈実存〉と表記することにしたい。

†ソクラテスという手引き

キェルケゴールは、キリスト教界にキリスト教を再導入するという課題をいかに遂行するか思案し、キリスト教界の人々に、自身がまさに〈実存〉していることを、実感させようとするわけである。

さらに考察を続けよう。ではいったいどのようにすれば、そんなことが可能になるのだろうか。

キェルケゴールの立場に身を置いてみれば、ここが大きな難所となることがわかるはずである。というのも、彼が生きているのはキリスト教界だからである。人々は冠婚葬祭などの局面で形式的にキリスト教とかかわるばかりで、国家のほうはそうした人々を一律にキリスト者として保証する、そのような社会である。そのなかにあって、どうしようもないほどの罪を負いながら、それでも救いの可能性を示されている人間の姿、すなわち〈実存〉の概念を生き生きと蘇らせるには、いったいどうしたらいいのだろう。キェルケゴールが生涯その課題と向き合うなかで、もっとも腐心した、しつづけたのはまさにここである。

国教会の牧師の立場で、キリスト教の教えのなかから〈実存〉の部分を強調して説教してみても、おそらくほとんど意味はないだろう。そもそも人々が説教に真剣に耳を傾けなくなってしまっていることが問題なのだ。それでは〈実存〉について懇切丁寧に解説した思想書を書き、それをできるだけ多くの部数刊行し、世間に流通させるといったことではどうか。だが人の生き方を変えるためのコミュニケーションの手段として、はたして思想書は、どれほど有効に機能するだろうか。

じつは哲学史をひもとくと、このことを考えるにあたって参照すべき前任者が一人いる。それは古代ギリシアの哲学者ソクラテスである。ソクラテスは、いわゆる学者として哲学の理論構築に携わったのではなかった。彼はむしろ、神から与えられた任務として、アテナイの人々が、身体や富や名誉などではなく、魂という人間のもっとも重要な部分のあり方に配慮して生きるよう、彼らの生き方を変えようとしたのだった。そこに彼の活動が、知への愛としての哲学が形をとった。

キェルケゴールは生涯ソクラテスを敬愛しつづけた。そして彼は、キリスト教界にキリスト教を再導入するという自分の課題に取り組むにあたって、古代ギリシアでアテナイの人々を前にソクラテスが展開した哲学の活動を自覚的に手引きとするのである。

彼はそこでおもにソクラテスから二つのことを学んだ。

†主体的思考

ソクラテスと同時代のアテナイにはソフィストと呼ばれる人々がいた。ソフィストたちは知者を自任し、おもに富裕層の子息相手に、多額の謝金と引き換えに、民主政国家アテナイで社会的な成功を収めるための要件、人々を説得する技術である弁論術を教授した。そしてソフィストたちはまた、徳の教師であることも自任していた。

ソクラテスはソフィストたちを向こうに回し、徳とは魂がすぐれてあることであり、人間を善き行いへと促すはずの知恵なのであって、だから徳を、ソフィストたち（にかぎらず誰であろう）が、教えることなどできないのだということを主張した。

キェルケゴールはここでソクラテスから、「理解」について深く学んだという。すなわち、同じく理解と言っても、その理解が当人の生に表現されるような理解と、そうではない理解が存在するのだ。たとえば「他人に不正を加えてはならない」といった事柄については、それを生き方で体現する人にしてはじめて、それを理解していると言えるだろう。他方で、たとえば「ソクラテスは鷲鼻である」といった事柄の場合は、その理解にあたって人間の生き方は無関係であるように思われる。徳とは善き行いを導く知恵なのであれば、そこにあるのは前者の理解である。

そしてキェルケゴールはこの学びを、キリスト教界に〈実存〉の概念を再導入するための方法に取り込むのである。すなわち、キェルケゴールは、前者の理解を可能にしている思考を「主体的思考」(den subjektive Tænkning)、後者の理解に特徴的な思考を「客観的思考」(den objektive Tænkning) として捉え直す。そして〈実存〉の概念の再導入とはつまり、〈実存〉をめぐる主体的思考に、人々をコミットさせることにほかならないと捉えるのである。自分がまさに、罪と救いのはざまを生きる存在であることを、自分自身の生き方を左右させるようなレベルで、人々に思考させ、理解させるのだ。

主体的思考の核にあるのは、「私たち」にとってという次元と、「私」にとってという次元とを行き来する思考作用、「二重の反省」(Dobbelt-Reflexion) である。たとえば「救済」(神による人間の救い) という〈実存〉的概念について考えてみよう。神が救済しようとするのは全員なのか幾人かだけなのか、こうした思考はその問題を「私・私たち」が巻き込まれるべきものとして見ておらず、典型的な客観的思考である。他方で「救済」を、「私・私たち」にもたらされている切実な問題として捉えるときに、それは主体的思考になる。その場合、「私たち」人間にとって救済とは、という次元でその問題に向き合い、真剣に思考することができる。他方でまた、そうした「私たち」のなかの、ほかでもないこの「私」にこそそれはもたらされているのだと思考することで、救済という問題はわがものとされる。二重の反省とは主体的思考の持つこのような、普遍的次元と私的次元の重層的な思考のあり方のことである。

キリスト教界にキリスト教を再導入するために必要なのは、罪と救いのはざまを生きる〈実存〉であることをめぐって、このような二重の反省を核とする主体的思考へと、人々を導くことだろう。人々はそのとき、まさにこの自分が罪を負い、だからこそ神はこの私に向けても、罪の赦しという救いの手を差し伸べているのだという実感とともに、生き始めることになるだろう。

†間接的伝達

キェルケゴールはキリスト教界にキリスト教を再導入することを生涯の課題とし、そのために〈実存〉の概念に人々の目を開かせようとする。そしてソクラテスから、主体的思考という重要な概念を学んだ。つまりは〈実存〉をめぐる主体的思考へと人々を導けばよいのである。

ここでさらに考えられるべきことは、当然ながら、では人々を〈実存〉をめぐる主体的思考に導くにはどうすればよいのか、ということである。キェルケゴールはここでも、先達ソクラテスの哲学を手がかりにする。

ソクラテスは自身の哲学を、アテナイの市井の人々を巻き込んだ対話という形でおもに展開した。そしてその際、問答を重ねることで、対話相手を答えに窮させ、不知の自覚へと導こうとしたばかりではなかった。彼は、対話相手に直接何かを教えることによってではなく、対話相手が自らの力で新しい思想を産み出し、真理へ近づくよう手助けもしていたのである。ソクラテスの、いわゆる産婆術である。

キェルケゴールはそれを見てこう考える。客観的思考については、その内容を他者に直接伝達すれば事足りるだろう。だが、生き方を左右する理解を伴う、主体的思考についてはどうだろう。〈実存〉をめぐる主体的思考については、その内容を直接伝達したところで、ほとんど意味はないのではないか。

他者に直接、この私（キェルケゴール）にとっての罪や救いといったきわめて個人的な内容をはらんだ、二重の反省の様を伝達するとしよう。するとどうなるだろうか。伝達を受けた他者において、伝達者の側の主体的思考のインパクトがあまりに大きくなりすぎて、自由な二重の反省が妨げられてしまう可能性が高いのではないだろうか。主体的思考についてはむしろ、産婆術のように、他者が自由に、自発的に二重の反省を遂行し、真理（キリスト教）に近づくことこそが必要であって、伝達者は、そのための触媒であることを越えてはならない。主体的思考の伝達において肝要なのは、伝達を受ける他者が、自分自身の罪の赦しを賭けて、自由に二重の反省を行うようになることである。そのためには、伝達者は黒子に徹し、そのきっかけの提供に専心すべきなのだ。

二重の反省を核とする主体的思考はこのような「間接的伝達」(indirekte Meddelse) によって他者に伝えられなくてはならない。キェルケゴールはソクラテスから、このことも学んだ。

†〈実存哲学〉

ところで、キェルケゴールはソクラテス(をはじめとするギリシアの哲学者たち)のことを、ヘーゲル(主義の思想家たち)との対比で、哲学者の範例と見なしている。哲学とは知への愛(philosophia)のことだが、それはヘーゲルを含め伝統的に、人間の側の認識と、世界の側のあり方が、いかに合致しうるかという問題、すなわち思惟と存在の同一性という問題をめぐる、客観的思考という形をとってきた。一方ソクラテスにとってそれは、先に見たように、魂のすぐれたあり方(徳)を求める活動として形をとった。

近代哲学の洗礼を受けたキェルケゴールはもちろん、ヘーゲル(主義)哲学を哲学と呼ぶことが多いのだけれど、「でもそもそも哲学とはね」という文脈では、ソクラテスのこの「哲学」を思い浮かべる。本書ではキェルケゴールがソクラテスの「哲学」から引き継いだ、主体的思考と間接的伝達を旨とする知への愛を、こちらもあくまで便宜的にではあるが、その特質を銘記するために〈哲学〉と表記することにしたい。

すなわち、キリスト教界にキリスト教を再導入する課題を遂行すべく、キェルケゴールが展開する活動、それは〈実存〉をめぐる〈哲学〉、〈実存哲学〉となるのである。次章以降で見るが、彼は〈実存哲学〉を、おもに著作の執筆と刊行をつうじて作動させようとし、そこに彼の著作家活動が形をとることになる。

3 神に仕えるスパイ

†懺悔者という生き方

さてここで、きわめて根源的な問題がまだ手つかずで残されていることに気づくだろう。それはもちろん、そもそもいったいなぜ、彼はそのような課題に携わらなくてはならなかったのか、ということである。この二つ目の補完的な考察により、キェルケゴールの全体像を浮かび上がらせるための骨組みの構築は完了する。

当然ながらこの問いがわれわれを導くのは、キェルケゴールという人の最深部、彼自身の罪と信仰の問題である。

キェルケゴールは日記のなかで、彼にとって決定的に重要なことは彼の罪の問題であり、彼が「懺悔者」（en Poeniterende）であることだと記している。彼は言う、自分の著作家活動は自分にとって懺悔なのであり、その意味で懺悔者であることが自身を最深の次元で説明することなのだ、と。

懺悔者とはもちろん、罪を悔いる者のことである。また、憂愁のなかで深くへりくだる者でもあるという。次章以降で見るように、キェルケゴールは父親の原罪とその悔恨の念に起因して、父親から幼少期にきわめて厳格な宗教教育を施された。その結果キェルケゴールは、少年のころからたえず神を気にかけて生きることを求められ、それが彼に憂愁という気質をはぐくんだ。そしてまたキェルケゴール自身、そうした強制された陰鬱な神関係からの自由を求めて、青年時代の一時期、放蕩生活を送った。このような生の来歴を背景にして形成された、キェルケゴールにとっての生の根本的な型、それが、罪を悔い、憂愁のなかで深くへりくだる者、懺悔者というあり方なのである。

そして懺悔者であることは、そのまま、自分を犠牲にして神に、真理に仕えることにつながる。彼は言う、懺悔者であるといううしろめたさがあるからこそ、私は自分を犠牲にして、懺悔の一形態としての苦悩を耐え忍び、自発的に真理に仕えているのだ、と。

キェルケゴールはそのもっとも深いところで、懺悔者なのである。そのゆえにこそ彼は、生涯をつうじて神に身を捧げて仕えようとするのである。だから、キリスト教界にキリスト教を再導入するという彼の課題は、より正確には、神から与えられた「任務」（Opgave）だったのである。

†「最高の奉仕の任を与えられたスパイ」

キェルケゴールはまた別の日記のなかで、自分のアイデンティティについて触れ、自分は「最高の奉仕の任を与えられたスパイ」（en Spion i høieste Tjeneste）であると記している。神に仕えるスパイということである。当時のデンマークでは、警察は犯罪者たちを、その前歴の負い目の意識を利用して、スパイに使っていたようだ。同じように神は、罪人であるキェルケゴールを、スパイに任命する。ただ神の場合それは、憐れみから罪人である彼を教育し、改心させようとしてのことである。キェルケゴールとしては、この生の来歴の負い目の意識ゆえに、神への無条件の服従が促されていることを強く感じ取る。

キェルケゴールは懺悔者として、キリスト教界にキリスト教を再導入するという、神から与えられた任務を果たそうと〈実存哲学〉を展開する。そのキェルケゴールとは、一言で表せば、神に仕えるスパイだったのである。それが彼の基本的なアイデンティティであった。罪を悔い、その悔恨の意識から、神のために、真理のために自分の生涯を捧げようとする。そこで神の道具、手先となり、神により人々のもとに放たれ、人々を〈実存哲学〉によって神のもとへ寝返らせようと、さまざまな工作活動を展開するのである。

キェルケゴールの全体像を立ち上がらせるための骨組みの構築は、これで完了した。この骨組みに、キェルケゴールの生涯を彩るさまざまな事柄を肉付けすることで、神に仕えるスパイとしての生を生きようとした、彼の全体像を立ち上がらせよう。

第1章

原点

キェルケゴールが神に仕えるスパイという自覚のもとに、キリスト教界にキリスト教を再導入する任務の遂行に乗り出すのは、一八四三年、二九歳のときのことである。彼はキリスト教界のなかで〈実存哲学〉を作動させようと、著作家活動を展開するのである。こうして歩を進め始めるに至るまでに、もちろん彼は、幼少期から青年時代にかけて、さまざまなことを経験し、思い悩み、考え抜いた。

第1章と第2章では、キェルケゴールが著作家活動を開始するに至るまでの、彼の自己形成の経緯をたどりたい。

第1章では、誕生から大学入学ころまでの生の歩みを概観し、神に仕えるスパイとしての苦悩の生へ、彼が少しずつ誘導されていく様を見てみよう。

1　誕生

†父と母

デンマークの西の端、ユラン半島の南西部に、セディングという小さな町がある。一八世紀なかごろのセディングは、住民の多くが羊飼いと泥炭《でいたん》掘りを主要な生業とするような貧しい集落だった。また、そこには敬虔主義の流れを汲むヘルンフート派の篤い信仰が広まっていた。ヘルンフート派は、一六世紀の宗教改革以降、徐々に形式化したルター派の正統主義信仰に抗するべく興《おこ》った信仰共同体であり、原始教団を模範に、簡素で敬虔な信仰生活を志向した。

セーレン・キェルケゴールの父、ミカエル・キェルケゴール（一七五六～一八三八）は、一七五六年一二月一二日、このセディングに生まれた。例にもれず、信仰心の篤い、貧しい小作人の家だったようだ。幼少時から、近所に住む親類の家で、羊飼いとして労働に従事せざるをえなかった。

ミカエルは一七六八年、一一歳のときにセディングを離れ、コペンハーゲンに上った。

毛織物商を営む叔父のもとで、住み込みで働くようになった。一七八〇年にコペンハーゲンの市民権を得ると、独立して商売を始めた。彼は次第に事業を拡大し、中国や西インド諸島などからの輸入品（絹や綿など）も取り扱うようになった。商才に恵まれていた彼は、その事業の成功によって、また不動産投資などからも利益を得て、若くして莫大な財産を築きあげた。一七九七年四月には事業を親類に譲り渡し、四〇歳にしてビジネスの一線から身を引いた。

ミカエルは最初の妻と一七九四年五月に結婚したが、九六年三月に死別していた。その後事業からの引退と同時に、小間使いをしていたアーネ（一七六八〜一八三四）と、一七九七年四月に結婚した。九月には長女が誕生している。その後夫婦は、長女を含めて、一八〇九年四月までに三男三女をもうけた。

†キェルケゴールの誕生

デンマークは一八世紀末からのナポレオン戦争に巻き込まれ、紆余曲折のすえにフランス側についた。そして敗戦の結果、一八一三年には財政破綻に陥り、一八一四年にはノルウェーをスウェーデンに譲渡するなど、領地を失うことになった。

セーレン・キェルケゴールは一八一三年五月五日、五六歳の父と、四四歳の母のあいだの七人目の子、末っ子として生まれた。彼は後年、自分は無担保になった紙幣が流通していたひどい財政年度に生まれたと、日記で述懐している。

じつはミカエルが持ち前の商才を発揮し、平価切下げを免れた王室公債に投資していたことから、キェルケゴール一家はきわめて例外的にこの国家的な経済危機をくぐり抜けていた。セーレンの誕生のころには、一家はデンマークで有数の富豪になっていたようだ。

セーレンは六月三日にコペンハーゲンの聖霊教会で幼児洗礼を受けた。

一八一四年から一八一五年のウィーン会議の決定により形作られた、ナポレオン戦争後のヨーロッパの国際秩序であるウィーン体制は、自由主義や民族主義を抑圧し、現状維持を図る保守反動体制であった。だがそれは、フランスで一八三〇年におこった七月革命によって動揺する。フランスでは七月革命によりルイ・フィリップの王政下に立憲君主制が成立した。大ブルジョアジー、金融資本家の支配により産業革命がはじまり、近代化が進んでいく。これに呼応して、ヨーロッパ各地で自由主義、民族主義の運動が胎動していく。これは後年、一八四八年革命によるウィーン体制の崩壊につながっていくし、デンマークにもその政治運動の波は及んでいくことになる。セーレンが生まれ育ったのはこうした時代だった。

2　父と子

†父の原罪

セーレンは日記でも著作でも、母親についてては、少なくとも直接的にはまったく何も言及していない。だが父親についてはきわめて頻繁に言及している。実際、彼が神に仕えるスパイとして自己を形成していくにあたって、父は陰に陽にさまざまな面できわめて大きな影響を彼に及ぼし、またそのことにセーレン自身とても自覚的だった。

神に仕えるスパイというセーレンのアイデンティティの根底には、彼の懺悔者意識がある。この懺悔者意識の形成の起点と見ることができる出来事が、父の幼少期にあった。父の、いわば原罪である。セーレンはそれについて、学生時代のあるとき、死期の迫った父から告白されて（後述の「大地震」体験）知るようになったらしい。その内実についてセーレンは後年、日記に次のように、示唆的に書き残している。その男は少年だったある日、ユランの荒野で羊の番をしていて、苦しみは耐えがたく、飢えと疲労に襲われ、小高い丘に登って神を呪ったのだった――。

もちろんこの出来事について、真偽のほどは確かめようもない。セーレンの死後のことになるが、セーレンの遺稿を出版に向けて整理していたある編集者が、この日記記述に気づいた。彼はセーレンの長兄ペーターに、その内容の真偽について尋ねた。するとペーターはむせび泣き、それは自分の父のことであり、そして自分たち家族全員のことなのだと漏らしたという。少なくともこの出来事が、敬虔主義的な信仰理解を持っていたキェルケゴール一家が共有していた、重苦しい記憶であったことは事実のようだ。

ついでながらもう一つ、セーレンの懺悔者意識形成のやはり起点と考えることもできる、父にかかわる、より世俗的な不義にも言及しておこう。

先述のように父は、先妻亡きあとしばらく独り身だったが、小間使いをしていたアーネと結婚し、子どもたちをもうけたのだった。先妻が死去したのが一七九六年三月二三日、アーネと結婚式を挙げたのは一七九七年四月二六日、長女が誕生したのが同年九月七日である。この日付関係からは父の不貞な行為が見え隠れする。このことについてキェルケゴール自身、どこにおいても直接的な言及はしてはいない。だがこのことは当然のことながら、家族の公然の秘密のようになっていたものと思われ、とくに父ミカエルを苦しめる罪意識となっていたことは想像できる。

ミカエルは償いの意識から、とくに末子セーレンに対して、常軌を逸する厳格な宗教教育を施すようになる。後年セーレンは振り返り、自分はある老人の手によって、キリスト教においてとてつもなく厳格に育てられ、その結果自分の生はおそろしく混乱したものとなったと述べている。では父ミカエルは、どのような宗教教育を施したのだろう。

†ミュンスターの影響力

キェルケゴール家は、当時のデンマーク国教会（国家教会）に所属する一市民として、先述のルター派の教えをキリスト教理解の基礎として有していた。そして、とくにこのころミカエルは、国教会の実力者であるミュンスター（一七七五～一八五四）に大きな敬愛の念を抱いていた。

ミュンスターは一八二六年から宮廷付きの牧師となり、その後一八三四年から一八五四年の長きにわたり、事実上デンマーク国教会のトップである、コペンハーゲンを含むシェラン教区監督の座に君臨した。彼は、監督の時期にはとりわけ、デンマークの牧師たちにとっての最大の権威であり、教会にかんする法律制定を左右する権力を持ち合わせていた。神学的には、伝統的な正統主義を足場としながらも、合理主義や自由主義にも理解を示して調停的な神学を展開し、教会の枠組みのなかに両者を共存させようとしていた。

ミュンスターがコペンハーゲンのインテリや上流階級の人々に好まれていたこともあり、ミカエルは一八二〇年以降、ミュンスターを一家の牧師にし、彼が宮廷付きの牧師となったあとも彼を慕った。ミュンスターの説教集や著作は、キェルケゴール家でよく読まれていたようである。もちろんセーレンも幼少期から彼に親しみ、ラテン語学校時代には、作文でミュンスターの説教を真似る（剽窃する）ほどだった。

またセーレンは、一八三八年には彼から堅信礼《けんしんれい》（幼児洗礼を受けた者が、自己の信仰告白をして、教会の正会員となる儀式）を受けている。成人後もセーレンのミュンスターへの敬意は変わらず、ミュンスターのことを、何らかの注意を払った唯一の同時代人、とまで評している。

†ヘルンフート派の信仰

他方でキェルケゴール家には、父祖の地に根付いていた、ヘルンフート派の信仰も共存していた。それは、教義の形式的な順守ではなく、内面性を重視する敬虔主義的信仰である。ヘルンフート派は国教会の一部ではなく、国教会を中核とする体制派からは迫害されることもあったようだ。

ミカエルは、故郷セディングから携えてきたこのような信仰もやはり生涯持ちつづけ、日曜には家族をつれて、ヘルンフート派の兄弟団の集会に定期的に参加していた。ヘルンフート派は合理主義に敵対して宗教的な覚醒や感情を重視するが、コペンハーゲンの兄弟団の教えの強調は、とくに、人々に唾を吐きかけられた受難のキリストに、つまり真理はこの世で迫害されるということに置かれていた。

キェルケゴールは後年の日記で、子どものころ自分は、大衆が真理そのものであるキリストに唾を吐きかけたこと、ののしったことを、父からこのうえなく厳粛に語り聞かされたと記している。そして、それこそが自分にとっての最初の思想となり、その思想を今でも自分は心の奥深くにずっと抱え込んでいて、そのときに受けた感銘だけは生涯忘れることはないだろう、と。ヘルンフート派の教えはかくして、セーレン・キェルケゴールという人物の中枢で光を発しつづけることになる。

†厳格な宗教教育

セーレンの幼少時代にキェルケゴール家に存在していたキリスト教は、このようないくつかのルーツの複合体だったと思われる。彼が幼いころ家庭で受けた宗教教育にかんして問題があるとすれば、その内容というより、それが、原罪意識を強烈に抱え込んだ老人の手によって、年端《としは》もいかぬ少年に、きわめて厳格に施されたことだった。

父ミカエルは、自らの罪とその償いの意識から、セーレンを神に捧げようと、キリストが人々から受難の目にあったことを強調して、キリスト教を彼に教え込んだ。セーレンが後年回顧するところでは、その教育は、子どもを「精神（聖霊）」（Aand）の規定のもとで厳格に捉えることであったという。精神とは、詳細は後述するが、キェルケゴールの理解では、人間の認識がその生へ及ぼす内的な力のことである。キリストの受難についての認識が人間の生き方に一定の変更を加えるとして、そこで人間のなかで働いているはずの何らかの力のことである。つまりセーレンは、幼くして、キリストが弟子の一人に裏切られ、逮捕され、人々からは嘲笑され、十字架の上で処刑され、このように人間の罪を贖ったことについて、ただの皮相的な知識としてではなく、実際に自分の生き方に変更を及ぼす力が呼び覚まされるような仕方で、教え込まれたのである。

教え込まれたその少年は、もちろん、そのようにして贖われなければならない人間の罪深さについて、また罪の赦しと永遠のいのちの存在にまでも、わがこととして思いを致す。セーレンは幼くして、自分がまさに罪と救いのはざまを生きる存在であることについて、すなわち〈実存〉の概念を、主体的に思考するよう導かれたのである。

こうした宗教教育について、後年キェルケゴールは、愛憎交えてこう回顧している。子どもは本質的に精神として規定されていないが、キリスト教は精神である。子どもを精神の規定のもとに厳格に教え込もうとすることは残酷なことであり、その子を死に追いやることにつながる。キリスト教はそんなことを意図しているわけではないだろう。とはいえ私がそのように少年時代から精神の規定のもとに育てられたことは、まったく精神というものを知らないまま、何者にもならないよりは、そこにどれだけの苦悩が存在しようとも、やはり比類なく善いことだった――。

なおキェルケゴールは、このように子どもの身の丈に合わない宗教教育を必死に施そうとする父親を見て、その魂の奥深くに憂慮が秘められていること、父がどれほど敬虔に振る舞おうとしてもその魂は平穏にならないのだということを、子どもながらに感じ取っていたという。

†直接性と反省

このような厳格な宗教教育は、はたして少年キェルケゴールに何をもたらしたのだろうか。彼の生はどのように混乱したのだろう。一八四八年、三五歳のときに彼は振り返り、その宗教教育は自分が四〇歳になってはじめてしっくりくるようなものだったと言う。遊んだり恋したりするべきときに、精神であることは大きな苦悩だった。私は直接性を持つことなく、反省によって人生を始めさせられた、と。

「直接性」(Umiddelbarhed)、その原義は、媒介されることのない状態である。ここでは、人間のそのままの生のあり方を意味する。精神が精神として生き始める前の本性的な生のあり方であり、その意識のあり方である。人間は普通、子どものころ、そうしたあり方を妨げられることなく、いろいろな生の喜びを享受して生きる。それが子どもであり、子どものあるべきあり方と言えるかもしれない。だが父ミカエルが施した宗教教育によって、セーレンは直接性を持たず、子どものころからすでに反省的であった。

「反省」(Reflexion)、その原義は、折れ曲がりつつ元の状態に復すことである。ここではとくに、神や永遠、罪や罰といったキリスト教的概念を経て、この世のいろいろな物事にかかわりあいになること、そのときのその人間の意識のあり方を意味する。直接性を生きる子どもに、精神という力が呼び覚まされると、反省的となる。それまで本性のままに享受していたさまざまな生の喜びについて、神や永遠、罪や罰といった概念を背景に据えて見るようになる。それらは結局のところ、時間的な生において終結する、非本来的なものなのだと見るようになるのである。反省的になると、生の喜びを全面的に享受して生きることはできなくなる。友達と遊んでも、恋をしても、「でも結局は」と考えてしまうのだ。これがキェルケゴールの少年時代の生のあり方であった。

なお、キェルケゴールは後年、直接性を経験することのないまま育ってしまった自分の場合には、子どものような懸念のない喜びに満ちた生を、壮年期の今になって、信仰の力によって、取り戻すことができるのではないかと、期待を込めて真剣に問うことになる。これについてはまたあとで見よう（第6章参照）。

†憂愁と閉じこもり

キェルケゴールは、直接性を生きるべき子ども時代にすでに反省的であったこと、そのようにして精神の力を駆動させられたことにより、自分はとても憂愁になったと言っている。

「憂愁」（Tungsind）とは、キェルケゴールによれば、精神のヒステリーである。直接性を生きる人間が何かをきっかけに反省的になり、精神という力が呼び覚まされ、精神として生きようとするとき、その運動が実現されずに妨げられる場合が多い。そのときの葛藤状態のことである。

人間が精神として生き始めるときに待ち受けているのは、たえず永遠性を志向することにより、ごくありふれた日々の生の喜びから目を背けるような生き方であり、それは普通、苦悩の生となる。どれだけ意志の強い人間であれ、そうした苦悩の生を生きつづけるのはとても難しい。こうした精神の葛藤状態にあって出現するのが、憂愁という気分なのである。神や永遠を志向して、時間的な物事の価値を相対化して生きるべきことはわかっている。わかっているからこそ、そのように生きられない自分の弱さがかえって鮮明になってしまう。このときのどうしようもない無力感や自責の念、あるいは逆に、時間的な物事への抵抗しがたい憧れ。ここに憂愁が頭をもたげる。

直接性を生きるべき子ども時代に、不自然にも反省的になることを強いられたキェルケゴールは、もちろん聖人ではない。ごく普通の一人の人間である。そうである以上、すんなりと精神として生き始め、生きつづけられたはずはない。だから彼はずっと憂愁をたたえていた。彼は言う、自分の生のすべてにわたって憂愁が広がっている、と。

後年キェルケゴールが振り返るように、もちろん父ミカエル自身も憂愁の色濃い人だった。一人の老人が、自分の憂愁のすべてを、そのあわれな子どもに背負わせたのである。なお、自分の奥深くの内面性を、決して他者には語ろうとしない性向、それをキェルケゴールは「閉じこもり」(Indesluttethed)と呼ぶ。キェルケゴールは、父の原罪に起因する宗教教育により、直接性なしにずっと反省的に生き、そのかぎり憂愁に支配されてきた。そして彼は、どうしても閉じこもりがちだった。自分の生の来歴を誰かに語ることを避け、他者との開かれた関係を持てずに生きていくことになった。

セーレンは幼少期、家庭ではおもに父から先述のような宗教教育を受け、それに起因して不自然に歪められた心性――反省、憂愁、閉じこもり――を獲得する羽目になった。とはいえミカエルがセーレンにもたらしたのは、もちろんこうしたネガティブなものだけではなかった。

キェルケゴールにはきわめて豊かな想像力（Phantasi）が備わっていた。何かを考え始めればアイデアが次々に向こうからやってきて、身体的な限界さえなければ、幾日でもぶっ通しで物を書きつづけることができるほどだった。およそ思想の枯渇やスランプなどとは無縁だったらしい。所定の仕事の時間に机の前の椅子に腰かければ、あとはひとりでに書くべきことが頭に浮かんでくるんだと、ある友人に言っている。

これは、もちろん生まれ持った素質によるところでもあるのだろうが、父親による教育のたまものと見ることもできる。セーレンは遺稿のなかで、おそらくは幼少時代の家庭の光景を思い出してこんなことを書き綴っている。見たところ無愛想で散文的な高齢の父は、それでも強烈な想像力を持っていた。あるとき子どもが外出の許しを願い出たのだが、父はそれを拒絶した。そこで父は、かわりに部屋のなかを、子どもと手をつないで散歩した。

まるでコペンハーゲンの街なかを本当に散歩しているかのように、想像力で街並みを再現して、どこでも好きなところを自由に歩き回ったのだった——。

またキェルケゴールは、巧みな弁証法（Dialektik）の能力、弁証法的思考力を豊かに有していた。思考の対象となる事柄について、一つの立場からのみ捉えるのではなく、それと矛盾するような別の立場からも同時に捉え、この対立を解消させてより高次の立場へと思考を進めていく能力である。

キェルケゴールは、この能力は父親譲りであると明言している。彼は同じ遺稿のなかでは次のようなことを書いている。父はあのようなあふれんばかりの想像力に、誰も抵抗することができないほどの弁証法的思考力を結び付けた。父が自宅で、子どもの目の前で、知人と議論をすることがある。議論を始めるとき、彼はまず相手に、言いたいことをすべて言わせてしまう。そして父が応戦し始めるや、相手の主張の全体はあっという間に、すっかりひっくり返ってしまうのだった。子どもはそうした父の姿に、尊敬の眼差しを向けていた——。

このようにキェルケゴールは、父ミカエルから、想像力と、そしてまたそれに紐付けられた弁証法的思考力を譲り受け、育まれたと思われる。

後述を見越してここで少しだけ補足しておこう。キェルケゴールの考えでは、人間一人ひとりの特質は、その当人の財産ではない。その所有権は神にある。だからもちろん、それは神のために適切に用いられなくてはならない。想像力や弁証法的思考力を手にしたキエルケゴールは、それらを神のために用いることになる。

3 学校での学び

†ラテン語学校

幼少期以来、家庭ではこのように、おもに父からさまざまな形で教育を施されたキェルケゴールは、一八二一年、初等・中等教育機関であるラテン語学校に入学する。彼が入学した学校は、一般的な教会付属の学校のかわりとなるような、より実践志向の教育を、上流ブルジョワ階級の子弟たちに提供していた。

ラテン語学校時代のキェルケゴールについて言えそうなのは、まず、学業の面では抜きんでた成績を残したわけではなかったということだ。キェルケゴールは天才児というわけではなかったようだ。成績はせいぜい二番か三番くらいで、一番になることはなかった。ある同級生の証言によれば、宗教の授業での返答はほかの生徒と大差なかったし、デンマーク語作文もほかの優秀な生徒と同じくらいのものだった。

もう一つ言えそうなこととしては、学校で彼は、基本的に「浮いた」存在だったことだ。キェルケゴールはおそらく自分の年老いた両親のことを、そしてもちろん父が施す異常な宗教教育のことを、クラスメイトたちに知られることを恐れた。誰も家に呼ぶことはなく、また誰かの家を訪ねることもほとんどなかったようである。さらにいえば彼は、父親好みのへんてこな服（赤キャベツ色の上着とか、異常なくらい短いズボンとか）を着させられていたらしい。クラスメイトと打ち解けた関係を築くことは、彼には難しかったようである。

ラテン語学校卒業の際に、ミケル・ニールセン校長が書いた、キェルケゴールについての報告書がある。このころの彼が、他者の目にどう映っていたのか、一つの証言になっている。

セーレン・オービュエ・キェルケゴール、商人ミカエル・ペーダーセン・キェルケゴールの息子、一八一三年五月五日生まれ（受洗証明書二番）、一八二一年に本校準備クラスに入学。

素晴らしい知力を持ち、最上の注意を要求するすべてに開かれていたが、長いあいだ彼は、きわめて子どもじみており、真剣さに事欠き、また自由と独立を渇望した。こうしたことは、温厚でありながら突然抑制がなくなるような形で、彼の振る舞いにも現れており、彼をときに自分の殻に閉じこもらせ、彼が何事かに深く入り込み関心を持つことを妨げた。持ち前の軽薄さのせいで、彼は善意を人前に示すことがめったになかったし、特定の目標をたゆまず追求することもなかった。時がたち、彼の性格に、より多くの真剣さが現れ、そしてそれについてはとくに昨年目を見張るような進歩があった。彼のすばらしい心的能力は、大学において、より自由に、そして邪魔立てなしに、発展することができるはずである。彼はたしかに有能な者たちの一人になることだろうし、多くの点で彼の長兄〔後述のペーター〕と肩を並べることになるだろう。（*EWK*, pp. 16–17）

なお、ラテン語学校卒業時の彼の全体の成績は、大学進学を希望する一〇人中二位だった。

†コペンハーゲン大学

キェルケゴールは一八三〇年にラテン語学校を卒業し、一〇月にコペンハーゲン大学に入学する。なお一一月には義務兵役として近衛連隊に入隊するが、おそらく体の弱さ――彼は一二歳の夏、知人の家で木から転落して背骨を強打し、その影響が後年まで残ったらしい――ゆえにすぐに不適格として除隊となっている。

入学後およそ一年間の基礎教育（ギリシア語、ラテン語、ヘブライ語、歴史、数学、論理学、実践哲学、物理学など）とその試験をまずまずの成績でパスし、一八三一年からは、牧師になってほしいという父ミカエルの強い希望もあり、神学を専攻することになる。

当時のコペンハーゲン大学神学部で力を持っていたのは、合理主義の立場に身を置き、国家と教会の分離を説き、フォイエルバッハらヘーゲル左派の論文を紹介するなどした、ヘンリク・クラウセン（一七九三〜一八七七）であった。キェルケゴールはこのころ、おもにクラウセンらの講義に出席し、神学の基礎的な科目を学んでいたようである。

他方で彼は、フレデリク・シバーン（一七八五〜一八七二）の哲学や心理学の講義にも出席した。シバーンは、哲学に対するキリスト教の、信仰の優位性を説き、ヘーゲルを人間主義の一種として見るなど、のちのキェルケゴールの思想形成に一定の影響を与えたと考えられる。

また、道徳哲学、論理学、近代哲学史、古代哲学史や形而上学などを講じていたポール・メラー（一七九四〜一八三八）とは、公私にわたってとりわけ親しく付き合ったようだ。メラーは、デンマークでヘーゲル（主義）哲学が流行のきざしを見せていたこの時期――一八三〇年代後半から一八四〇年代前半が、デンマークにおけるヘーゲル（主義）哲学流行の絶頂期だった――にあって、思弁的形而上学からは距離を置いた、稀有な人物である。むしろソクラテスを手がかりに、人間の具体的な生の現場を志向しながら思索を進め、キェルケゴールのソクラテス理解に相応の影響を及ぼした。後年一八四四年にキェルケゴールが刊行する『不安の概念』では、一八三八年三月に四三歳の若さで亡くなったメラーに向けて、最大限の敬意と哀悼を示した献辞――メラーを「ソクラテスの通暁者《つうぎょうしゃ》」と称えている――が捧げられている。

†マーテンセン

キェルケゴールは一八三四年春、五歳年上で神学部の先輩であったハンス・マーテンセン（一八〇八～一八八四）を個人教師として雇っている。一八三三年九月にコペンハーゲンを訪れていたシュライエルマッハー（一七六八～一八三四）の教義学にかんする指導を彼から受けた。シュライエルマッハーはドイツの神学者、哲学者である。宗教の本質を無限者に対する絶対依存の感情に求めたことで知られる。そのようなものとして宗教を、哲学や道徳から区別される独自の領域、宇宙の直観と感情の領域と見なした。

やはり『不安の概念』の序論で、キェルケゴールはシュライエルマッハーに言及している。すべてを説明したがるドイツ的な意味での哲学教授であるヘーゲルに比して、自分の知っていることしか語らなかった美しいギリシア的な意味での思想家として、彼を称賛しているのである。こうした理解は、おそらくこのころの学びが基礎になっている。

マーテンセンはキェルケゴールへの指導のあと、一八三四年秋から二年間国外へ留学し、ドイツでヘーゲル思想を学ぶ。それをデンマークに輸入する役割を果たすことになるのだが、彼はヘーゲル哲学をそのままの形で受容したのではない。ヘーゲル哲学では、世界精神という神的な理性が自己を顕現し実現していく過程を世界史と見るのであり、それは世界を神と一体のものと見る汎神論的傾向を有することになる。マーテンセンはこれに対し、歴史のなかに立ち現れる人格神としてのキリスト教の神を、次第に強調するようになっていく。

マーテンセンは一八三七年七月にコペンハーゲン大学で学位を取得すると、一八三八年から同大学で助教授として講義を始める。一八四〇年に三二歳の若さで教授となり、人気講師としてのキャリアを確立する。さらには、当時のデンマークの知識人たちに絶大な影響力を誇っていたハイベアの庇護を受けるようになる。そしてマーテンセンの弟子たちは次第にデンマーク国教会の重鎮となっていく。かくして彼は最終的に、国教会とその牧師たちが中心となって形成されるデンマークの標準的なキリスト教のあり方、体制派キリスト教のなかで、ミュンスターに次ぐ、中心的人物の一人となるに至るのである。

なおキェルケゴールは、マーテンセンが留学を終えて帰国したあと、彼に対し徐々に批判的になっていく。その根底には、理性と信仰の統一を志向し、教会の役割を重要視するマーテンセンのキリスト教観に対する、彼の異議がもちろんある。だがおそらくそれだけではなく、成功を積み重ねていく彼への妬みも、どこかで作用しているように思われる。マーテンセンは後年、ミュンスターを継いで国教会の代表者となるに至るのだが、それに及んでキェルケゴールはとうとう、マーテンセンを中心とする体制派キリスト教への大々的な批判活動を繰り広げることになる。この点についてはまたあとで見ることにしよう。

†兄ペーターとグルントヴィ

セーレンの兄で、キェルケゴール家の長男ペーター（一八〇五〜一八八八）も、やはりコペンハーゲン大学で神学を学んだ。ペーターに大きな影響を与えたのは、ニコライ・グルントヴィ（一七八三〜一八七二）である。グルントヴィは国教会の牧師でありながら、教会が王権に従属することをよしとせずその改革を求めつづけた。グルントヴィは神学的には、神を宇宙全体と同一視しようとするドイツ・ロマン派の汎神論的信仰の影響を受けつつ、信仰の真理を可能なかぎり理性的に認識しようとする合理主義に敵対していた。また彼は、デンマークのキリスト教を、北欧神話やその風土、生活と融合させようとした。なお、彼が書いた美しい詩の多くは、デンマーク国教会で今日でも讃美歌として歌われつづけている。

ペーターが一八三六年に書きあげたマギスター学位論文は、グルントヴィ主義的な内容だった。セーレンのほうはグルントヴィ主義からは距離をとりつづけたものの、グルントヴィ主義者で反合理主義者であったヤコブ・リンベーア（一七九七〜一八五七）とは交友を結んだ。こうしたことからキェルケゴールは、グルントヴィの思想にもこの時期すでに、ある程度通じていたと思われる。

第2章　著作家として立つ

父ミカエルに起因して、セーレンのうちに反省、憂愁、閉じこもりといった心性が、そしてまた想像力と弁証法的思考力といった能力が育まれた。ここが彼の、およそ平穏とは言い難い人生の、原点となる。

このセーレンが学生時代、さらにいろいろなことを学び、また経験する。ときに思い悩み、考え抜く。父による原罪の告白を契機に、自分が懺悔者として生きていかなくてはならないことを悟る。そしてある女性との出会いと別れを経験し、神に仕えるスパイというアイデンティティを自覚する。学位取得後、著作家として世に出るに至るまでの彼の歩みを、引きつづきたどっていこう。

1　ギレライエでの日々

†青年の思い悩み

長兄ペーターはわずか三年半の最短期間でコペンハーゲン大学神学部を卒業していた。弟セーレンについても、父や兄は、それに及ばずとも順調なキャリアを思い描き、一八三〇年に入学したセーレンが、一八三五年中には神学部最終試験を受験し合格することを期待していたようである。だが大学生の足は次第に、一八三四年秋ころを境に、キャンパスから遠ざかる。

ペーターは、一八三五年三月の日記で、末弟セーレンについて、試験勉強をまったく行っていないようだと心配している。セーレンが内面的な動揺から抜け出し、魂の救いへと至る道を見つけ出すことができるよう、神が彼を助けてくださるように、と。

いったいセーレンに何が起こったのだろう。セーレンが日記をつけるようになるのは、基本的に一八三五年夏以降であり、彼自身による説明は見当たらない。状況証拠から、おそらく彼がこの時期、自らの人生について、とくにこれからのキャリアをめぐって思い悩んでいたことが推察される。

先に触れたように、父ミカエルは、セーレンが神学部卒業後、牧師になることを期待していた。セーレンは基本的にこれまで、ミカエルの期待に沿って、家庭での、また学校での学びに取り組んできた。だが大学生となった彼の前には、さまざまな神学の立場が現れている。国教会とミュンスターが依拠する伝統的な正統主義。ミュンスターが理解を示す近代的な合理主義や自由主義。父ミカエルが足場を置く敬虔主義。ほかにもシュライエルマッハーやグルントヴィの神学などである。さらには、これら神学の諸知見のみならず、彼は、哲学、心理学、文学から自然科学にいたるまで、さまざまな学問に触れるようになった。知的世界は広がった。

若きキェルケゴールは、父により敷かれたレールの上を歩きつづけることに疑問を抱く。おそらくこのゆえに彼の足は大学から遠のいた。私は神学を研究して国教会の牧師になるべきなのか。そうでないほかの道もあるのか。私はそもそもいったい何をして生きていくべきなのだろうか。

思い悩んだキェルケゴールは、一八三五年六月、一人、旅に出る。

キェルケゴールは一八三五年六月一七日、コペンハーゲンの北方の港町、保養地ギレライエに向けて出発する。同地に八月下旬まで滞在する。

その最大の目的は、自分自身は何者か、何をなすべきか、この期にじっくり考えることだったと思われる。ラテン語学校時代の同級生に向け、ギレライエから七月六日付で出した手紙がある。この地での滞在は自分に、自分の内面に目を注ぐことに集中することを教え、そして人生の転変のなかで、本来の自分をしっかり保持するよう促してくれるのだという。

そして彼がその思考のすえに八月一日に日記に書き付けたのが、有名な「ギレライエの手記」である。それは若きキェルケゴールによる自己をめぐるひたむきな思考の記録であり、これをきっかけにして彼がのちに、神に仕えるスパイとしてのアイデンティティを自覚するに至る、きわめて重要なものである。彼は次のように書いている。

自分はいずれ世に出て自分の能力を発揮すべきなのだが、はたして自分の個性はいったいどの方向を向いているのだろう。自然科学や神学など。どれも自分が本当に携わるべきものとは思えない。いったいどのように考えればいいのだろう——。

そもそも私に欠けていること、それは、（…）私は何をするべきかについて、自分自身についての明晰さに至ることだ。そのためには、私の規定を理解せねばならず、私が何をするべきであると神が本当にお望みなのかを知らねばならない。重要なのは、私にとって真理であるような真理を見出すこと、そのために私が生きそして死ぬことを望むような理念を見出すことだ。（SKS17, 24/AA:12）

手記はこう続く。哲学の理論体系に通暁したり、国家についての理論を作り上げたり、神学の理論形成に寄与したりして、客観的真理に関与したところで、それが自分自身に、自分の生に何のかかわりも持たないのなら、いったいそんなことをする意味はどこにあるというのだろうか――。

悩める学生キェルケゴールは、ギレライエの地で、自分がこれから世界のなかで何をして生きていくべきかを問うた。そしてあれこれ思い悩んだすえに、まずはそもそも、自分の規定を探し求めるべきことを知った。「規定」（Bestemmelse）とは「使命」とも訳しうる語である。キェルケゴールがここで言う「私の規定」とは、神の規定するこの私のことであり、その意味でこの私固有の真理のことである。それは、より深い意味での私とか、実存の最深の根などとも言われる。

キェルケゴールはこの手記の最後で、ローマへの進軍という引き返すことのできない決意を固めたカエサルの言葉を引き、「賽は投げられた——私はルビコン川をわたる！」(SKS17, 30/AA:12) と言う。それはもちろん、自分のアイデンティティをめぐる問いに対し、ここで解答が与えられ、今や生きるべき道が明確に示された、ということではなかった。むしろ彼は、自分自身の規定、神が自分に向けている意志をまず探し求めること、そしてそれがどこへ彼を導くことになるとしても、そのとおりに生きていくことを決意したのである。

キェルケゴールは一八三五年八月二四日、コペンハーゲンの自宅に戻った。

†ハイベア・サークル

大学生活に復帰したキェルケゴールは、活動的に日々を送る。

一八三五年一一月には「われわれの新聞」という演題で、学生協会で講演をする。これは当時興《おこ》っていたデンマークにおける自由主義運動にかかわる。このころ、とくに言論と出版の自由をめぐって、自由主義者と、王・政府のあいだの対立が激化していた。コペンハーゲン大学における、王政擁護派の筆頭格であったキェルケゴールと、反対に自由主義的進歩派の筆頭格であった学生とのあいだに討論会がもたれたのである。

ヨハン・ハイベア（一七九一～一八六〇）は、ときのデンマークの著名な才人で、知識人たちに大きな影響力を持っていた人物である。詩人、文学批評家、翻訳家、雑誌編集者、戯曲家として活躍していた。またヘーゲル主義哲学者でもあり、デンマークにヘーゲル哲学をはじめて持ち込んだ人物とされている。キェルケゴールは、このハイベアが編集をしていた文芸誌『コペンハーゲン速報』に、一八三四年一二月にはじめて寄稿していた。ギレライエからの帰還後、一八三六年にも、上記講演にかかわる内容などを三回寄稿する。これらをきっかけにキェルケゴールは、この時期に、ハイベア・サークルとも呼ばれる、当時のコペンハーゲンの最大の文化サロンと接点を持つようになった。

キェルケゴールはこのハイベアの影響もあり、彼を介してヘーゲルを学び、またこの時期にゲーテの『ファウスト』などの作品の読解に取り組んでいる。

2　放蕩

†精神的危機

ギレライエでの思索を経て、この先何をするにせよまずは自分の規定を探し求めようと、前向きに日々の生活を送っていたと思われるキェルケゴールであるが、一八三七年の夏以降、その精神状態は次第に危機的になっていく。日記にはたとえばこうある。私は何もしたくない、どこかに行きたくもない。寝すぎてしまうのも、すぐに起きてしまうのもどちらも嫌なので、横になりたくもない――。

彼はこのころ大学で、マーテンセンの「思弁的教義学序説」の講義に出るが、一一月一五日から一二月二三日まで出席しただけで、その後は足が遠のいている（もちろんこれは、内容が気に食わなかっただけのことかもしれないが）。一八三五年以来断続的に書きつづけてきた日記は、一八三八年年初から四月まで、空白となっている。

この状態は一八三八年七月中旬まで続く。いったいこの期間にキェルケゴールに何が起こったのだろう。一つ言えることは、このいわば潜伏期間を経て、はじめてキェルケゴールは、自分の規定を知るための手がかりを捉えるということだ。すなわち、苦しみの果てに彼は、神に仕えるスパイとしての自分のアイデンティティを、おぼろげに覚知するようになるのである。

†呪われた家族

事の直接のきっかけは、一人の女性の死だった。

キェルケゴールには合計六人の兄と姉がおり、父母を含めると、もともと家族は九人だった。だがじつは、セーレンがギレライエに旅行した前年の一八三四年末の段階で存命だったのは、父ミカエル、長兄ペーター、そして末っ子のセーレン、この三人だけになっていた。一八一九年九月には次男が一二歳で頭を強打したことを遠因として、また一八二二年三月には長女が二四歳でひきつけの末に夭折《ようせつ》していた。セーレンが大学生となったあと、一八三二年九月に次女が三三歳で男児を死産した末に亡くなり、一八三三年九月には三男が二四歳でアメリカのパターソンで客死した。ちなみに三男は、父ミカエルの意向を受けて商人になることを志し、一八三二年一一月にアメリカに渡っていたのだった。一八三四年に入ると、七月にミカエルの妻（子どもたちの母）アーネが発疹チフスによって六六歳で亡くなり、一二月には三女が男児を出産したあとに三三歳で死亡していた。

それで落ち着いたかに見えた死の波が、一八三七年になってふたたび一家を襲ったのである。兄ペーターと一八三六年一〇月に結婚したばかりのエリーセが、一八三七年七月、三一歳で亡くなったのである。このことがセーレンに与えたショックは大きかった。エリーセの死後すぐに彼は、しばらくコペンハーゲン近郊のヒレロズに逃避している。兄ペーターは日記に、このごろ弟セーレンはこれまで以上に憂鬱によってふさぎ込んでしまっている、と書いている。家族は結局また、以前と同様、三人の男たちだけになった。

おそらくセーレンは、鬱々と家に引きこもる老人（父ミカエル）に、また神経症気味となった兄にも嫌気がさした。そしてまたこの呪われた家庭にも。九月一日、彼は住み慣れた生家を離れ、一人暮らしを始める。

なおこの時期彼は、母校のラテン語学校でラテン語を教えている。これが、生計の足しのための営みという意味で、彼にとって最初で最後の仕事となる。

†放蕩息子

家族に襲い掛かる相次ぐ死。陰鬱な父と兄。セーレンは家を出た。

家を出て彼は、きわめて放蕩的な生活を送る。彼は飲み仲間たちと、夜な夜な羽目を外していたようだ。粋なコートや帽子、演劇鑑賞や書籍、馬車やブランド名入りの煙草の箱など、散財しては借金を重ねた。一八三七年一〇月五日には泣く泣く父に借金の返済を頼み込んでいる。ちなみにこの時期に彼が浪費した金額は、当時の大学教授の給料一年分以上だったという。

上記の支払い品目はあくまで領収書で確認できるものに限られる。領収書が残らないような支払いもあったかもしれない。コペンハーゲンに存在していた売春宿を、このころキェルケゴールが訪れたと言われることがある。たしかに彼自身がそのことを示唆して書いたように読めなくもない日記記述がある。結婚を間近に控えたある男性が、かつて酩酊状態で訪れた売春宿でのことを思い出し、自分はひょっとしたら誰かの父親になっているのではないかという不安にさいなまれる、という空想の話である。事実のほどはもちろん確かめようがない。

留意されるべきは、キェルケゴールがこの時期に携わった具体的な行為の内容ではない。むしろ彼がこの時期に、これまで彼の生のあり方を根本的なところで定めつづけてきたキリスト教そのものから、距離を置こうとしていることである。この時期の日記には、たとえば次のようにある。いつか自分が真剣なキリスト者になることがあるとして、その自分が今を振り返ったら、まったく別の者になろうとしていたことを恥じ入ることだろう。自分は今、キリストに対して扉を閉ざしてしまっているのだ――。

端的に言って、彼はこの時期、彼自身が「罪」と呼ぶ状態にあった。『死に至る病』によれば、具体的な罪業それ自体ではなく、神との関係から離れ、何であれ具体的な罪業をなすことを可能とする持続的な内面の状態にこそ、罪の本質がある。

†「大地震」

兄ペーターは一八三八年二月、日記に、セーレンがこのごろますます病的で、不安定で、気力を失っていて、話しかけてみても変化が起こるわけでもない、と書きつけている。

キェルケゴールが生まれてはじめて自らの意思で聖餐式に出たのは、一八二八年四月二五日、一四歳のときだった。彼はその後、基本的に金曜日に、父と一緒に、またときおり兄とも一緒に、聖餐式に行くことを常とするようになった。最後に聖餐式に出たのは、父の八〇歳の誕生日の四日後、一八三六年一二月一六日のことであり、このときは父と一緒だった。だが彼はそれ以降、一八三七年をとおして、また一八三八年前半も、聖餐式にまったく出ていない。兄も、妻エリーセの一八三七年七月一八日の死去以降、一度も聖餐式に出ていない。この時期高齢の父が一人で出席していた。父は何を思っていたのだろう。

父ミカエルの夭折した子どもたちはいずれも三四歳未満だった。じつはミカエルはこのことに、人知れず、ある重大な意味を読み取っていた。キリストが十字架上で死んだとされるのが、三三歳である。ミカエルはいつしか、家族の相次ぐ死を、かつて神を呪ったことに対する罰と見なし、自分の子どもたちは決して三三歳という歳を越えては生きられず、自分一人だけが子どもたちの死を目の当たりにしながら生きつづけなくてはならないのだと信じるようになっていたのである。

ミカエルは、末っ子セーレンに、神を呪うという原罪などへの償いの意識から、家庭では厳格な宗教教育を施し、大学では神学を学ばせ、果ては牧師としての生を送らせようとしたのだった。だがセーレンは今、その道程を粛々と歩む重苦しい義務を放棄し、キリスト教から離反してふらふらとさまよっている。老ミカエルは、おそらく自らの死期が目前に迫ってきていることを感じ取り、意を決し、一八三八年五月、セーレンの二五回目の誕生日の頃に、セーレンにある告白をする。それはもちろん、神を呪うという自らの幼年時の罪についてであり、そしてまた、その罰がキェルケゴールの家族を覆っているという彼の信念についてである。後年セーレンはこの出来事を「大地震」と呼んで振り返っている。なぜ自分に厳格な宗教教育が施されなくてはならなかったのか、なぜ家族の者たちが次々に死んでいったのか。一家にまつわる謎がすべて、ようやく解けた。自分という存在をその足元から揺さぶる出来事だった、と。

セーレンは、三四歳の誕生日を迎えるまでに死ぬに違いないという信念を、(結局父のほうが兄弟より先に死を迎えることにはなるのだが、その父の死後も）実際に持ちつづけて生きていくことになる。この呪縛が解かれるのは、一八四七年五月五日、彼の三四歳の誕生日である。

†言い知れぬ喜び

さて、「大地震」はセーレンに、どのような作用をもたらしたのだろう。セーレンは今や、自分がなぜ幼少期に厳格な宗教教育を授けられ、直接性なしに反省によって生を始め、憂愁と閉じこもりを抱えて生きてこなくてはならなかったのか、その真意をようやく理解した。すなわち、それはミカエルの償いの意識によるところではあるのだが、ただミカエル個人の救いのためではなく、キェルケゴール家全体を救おうとしてのことだったわけである。おそらくこの「大地震」体験によりセーレンは、父のもとへ、そしてまたキリスト教のもとへ、回帰すべきことを悟った。

「大地震」の数日後と思われる五月一九日、彼は日記で、言い知れぬ喜び――「喜びなさい。重ねて言います。喜びなさい」（「フィリピの信徒への手紙」4:4）――に言及している。キリスト教からひとたび離れようとしながら、ふたたびそこに必然的に呼び戻された者として、彼は今、無条件の喜びに満たされていると綴る。

セーレンは六月六日、この時期にはもう病気のため心身ともに弱り切っていた父と一緒にとはいかなかったが、一人、聖餐式に出席している。そして七月一〇日、生家に戻る。放蕩息子は父のもとへ、そしてキリスト教のもとへ回帰した。このころの日記にはこうある。私はこれまで、キリスト教の真理に刃向かってきた。だがこれからは、キリストとのより親密な関係に入れるようにしたい――。

†懺悔者としての生を悟る

キェルケゴールは一八三七年夏から続いた精神的危機を脱し、外面的にも内面的にも、慣れ親しんだところに戻ってきた。その彼は以前の彼とは少しだけ、だがきわめて重要な部分において違っていた。

キェルケゴールはギレライエでの夏の日以降、およそ自分が世界のなかで何をするにせよ、自分の生の起点となるべき理念を、自分自身の規定を探し求めてきた。この精神的危機を経て、彼は今、父の原罪の存在を知り、そしてまた自分がその償いの犠牲として定められていることを知った。そしてまた、それだけでなく、自分自身の弱さ、罪深さについても、はからずも認識する羽目となった。すなわちここに彼は、自分が、罪を悔い、憂愁のなかで深くへりくだる者として、懺悔者として、これから先、生きていかざるをえないことを悟ったのである。

父ミカエルは一八三八年八月九日、八一歳で死去した。セーレンは父の死を、彼の愛がもたらしてくれた最後の犠牲だと捉える。父は自分から死に去ったのではなく、自分のために死んでくれたのだ、と。

3 〈実存哲学〉の形成

†神学部最終試験、牧師神学校、学位論文

キェルケゴールは一八三七年夏以降の精神的危機の時期にあっても、決して勉学を放棄することはなかったが、とりわけ父の死後、集中的な学びに入っていく。

彼は一八四〇年六月二日、神学部最終試験のための願書を提出する。七月三日に試験があり、「優」を得て合格する。六三人中四番目の成績だった。

試験終了後、七月から八月にかけて、彼は父祖の地セディングに巡礼旅行をしている。そしてコペンハーゲンに帰ったあと、やはり父の遺志をうけて、今度は王立牧師神学校に入学し、牧師の資格を得るための勉強を進める。国教会の牧師の職に応募するには、神学

部卒業生は、少なくとも一セメスター、牧師神学校の講義（説教、教理問答、礼拝、教会法など）と実習に参加し、試験説教をふくむ説教法と、教理問答法の試験をパスしなくてはならなかった。キェルケゴールは牧師神学校に、この時期（一八四〇年から一八四一年の冬学期）と、その後一八四一年の夏学期にも通った。

じつはキェルケゴールの学問的関心は、神学部最終試験の段階ですでに、神学から哲学へと移行していた。彼はこの時期、こうした神学や牧師資格取得のための勉強と並行して、マギスター学位取得を目指して、哲学の研究にいそしむ。そして一八四一年七月一六日に提出した論文は、コペンハーゲン大学哲学部で学位論文に値するものとして認められ、九月二九日に『イロニーの概念について――たえずソクラテスを顧みつつ』（以下『イロニーの概念について』）というタイトルで刊行された。またこの論文にかかわる口頭試問を受け、一〇月二〇日付で、マギスター学位を取得している。

なお、当時のコペンハーゲン大学では、学位論文はラテン語で書かれることが通例であり、キェルケゴール自身、ラテン語学校で教えられるほどのラテン語能力をそなえていた。だが彼は、自分の学位論文の内容――ロマン主義のイロニーをめぐる批判的考察――が求めているのは、ラテン語ではなく母語のデンマーク語の発音の特性であると考え、あえてデンマーク語でそれを書いた。

キェルケゴールは、一八三八年後半からのこうした猛烈な学びの時期について、いずれふたたび地表に顔を出すための必要な準備段階として、今は地下に潜るべき時期なのだと考えていた。おそらく彼は、自分が懺悔者であることを覚知しつつ、その自分に神から課された任務を、自分の規定を探しだすための、必要な修練の時期と認識していたと思われる。

†地道な勉強

実際、残された勉強ノートの日付から察するに、おそらくキェルケゴールが生涯でもっとも集中的に哲学や神学の勉強に励んだのはこのころ、一八三六年からの数年間だったと思われる。彼は一八三八年にはもろもろの試験勉強などに取り組み始め、一八四一年一〇月の学位取得を経てベルリンへ留学し、一八四二年三月にデンマークに戻り、翌一八四三年二月に『あれか、これか』を刊行して著作家として世に出ることになるのだが、とりわけこの時期である。

彼がこの時期の勉強ノートで直接、間接に言及する哲学者、神学者としては、たとえば次のような人々がいる。ソクラテス、プラトン、アリストテレスといった古代の哲学者たち。テルトゥリアヌス、アウグスティヌス、トマス・アクィナスといった古代から中世の神学者たち。ヤコブ・ベーメ、スピノザ、ライプニッツ、レッシング、シュライエルマッハーといった近代の哲学、神学者たち。またカント、フィヒテ、シェリング、ヘーゲルらの観念論哲学者たち。フランツ・バーダー、マルハイネケ、エルドマン、カール・ヴァーダーらのドイツのヘーゲル主義者たち。これらに加えてもちろんマーテンセンやグルントヴィらの同時代のデンマークの思想家たち。

ここでは、これらの思想家たちのうち、彼がこの先練り上げていくことになる〈実存哲学〉の概念から見てとくに重要と思われるヘーゲルとレッシングについて、それぞれ〈実存哲学〉との関係という観点にしぼって、キェルケゴールがいったい何を学んだのか、簡単にまとめておこう。

†ヘーゲルの影響

ヘーゲルはドイツの哲学者である。哲学史的には、カントの哲学における二元論——物自体と現象、感性と悟性、必然と自由など——の超克を試みた、いわゆるドイツ観念論の一人である。ヘーゲルは、個人のみならず歴史や文化においても通底的に働く無限な生命としての絶対者、「精神」の存在を想定する。そしてその理念が実現されてゆく過程として現実の諸相を捉えようとする、思弁的な試みを行った。そして彼はそれを、学的に、体系的に把握するところに哲学の営みを求め、『精神現象学』『大論理学』といった主著をものした。

『精神現象学』では、そのうち、人間における精神の現象を示そうとする。人間の意識は自己意識、理性、宗教、そして絶対知へと弁証法的に自己展開していく。この最終段階において意識は、外からの知識を用いることなく、自分自身を吟味することで真理そのものを捉えるようになり、思考は存在と直接的に一体化するとされる。

キェルケゴールの学生時代にあたる一八三〇年代後半から一八四〇年代前半が、デンマークにおけるヘーゲル（主義）哲学の流行の絶頂期だったこともあり、とくに若きキェルケゴールへのヘーゲルの影響は大きい。とはいえ、キェルケゴールはたしかに学位論文『イロニーの概念について』に始まる初期においてはヘーゲル哲学を積極的に受容したが、その後『哲学的断片への結びとしての非学問的後書き』（以下『非学問的後書き』）などにおいては徐々にそれへの批判に転じ、『死に至る病』以降ではそれをさほど相手にしなくなっていく。

概してヘーゲルは、キェルケゴールにとって、〈実存哲学〉概念の形成を促す、反面教師のような役割を果たすのである。ただし、ヘーゲル風の弁証法的思考スタイルや、ヘーゲル由来と思われる諸概念（「直接性」「反省」ほか多数）など、キェルケゴールは終生、ヘーゲルからの遺産を用いつづける。

キェルケゴールのヘーゲル批判（より正確には、デンマークのヘーゲル主義神学への批判）の要点は、ヘーゲルがキリスト教を、自分の哲学と合致するように作り変えてしまったことである。とくに〈実存哲学〉の観点からのその批判の核心は、『非学問的後書き』に読み取ることができる。

ヘーゲル流の思弁は、キリスト教の真理を客観的に把握することができると主張している。だがそのようなことはありえない。キリスト教の真理とは実存する者にとっての真理であり、そして実存する者にとって真理は客観的次元にはない。そこにはせいぜい真理の近似があるにすぎないからだ。信仰者は決断によって、主体的に、内面的に真理をつかむ。だからキリスト教の真理を客観的に知ろうとするとき、それはむしろ、非真理とならざるをえない。たとえば罪の赦しという逆説は、客観的な知の問題ではないだろう。それは、実存する者が自分自身を罪人と覚知するところにはじめて立ち現れてくる真理なのである——。

このようにキェルケゴールは、ヘーゲル（主義）と批判的に向き合うことで、その対照性のなかから〈実存哲学〉概念の重要な部分を彫琢していくわけである。上記に見られるように、〈哲学〉概念の核心をなす、二重の反省と主体的思考というアイデアがその典型である。また〈実存〉概念が含み持つ、神と人との絶対的差異という考え方（罪なき神と、罪を負う人間の、質的な差異という考え方）は、ヘーゲル哲学の、絶対精神と人間の意識の連続性という考え方と、きわめて対照的である。

†レッシングという先達

ゴットホルト・レッシング（一七二九～一七八一）はドイツの人で、もともと牧師の家の出であるが、神学への関心を抱きながらも牧師の道に進むことはなく、おもに劇作家、批評家として活躍した。この面では造形美術と言語芸術の差異を論じた美学論文『ラオコオン』などで名高い。他方で彼は、一八世紀ドイツの啓蒙主義を代表する思想家でもあり、レッシングによるキェルケゴールの〈実存哲学〉への影響は、おもにそのような啓蒙思想家としての彼が、キリスト教と向き合ったところに形をとる諸思想による。

レッシングの考えでは、現代の（レッシングの時代の）人々にとって聖書とは、間接的に伝えられる歴史的知識であり、絶対的な確実性は持たない。他方で、宗教の真理とは必然的な理性の真理に属する。そこでレッシングは問う。では啓蒙主義の洗礼を受け、合理的、批判的精神を持つ近代人にとって、この両者の橋渡しはいかにして可能なのか、と。聖書が述べ伝えるさまざまな不合理きわまりない事柄を、必然的な真理として受け取ることはいかにして可能なのか。そしてレッシングは、それらのあいだに、決して橋渡しのできない深い溝の存在を見出す（『霊と力の証明について』）。

キェルケゴールは『非学問的後書き』で「キリスト者になること」を主題に据え、それをめぐってさまざまな考察を加えている。そのなかで〈実存哲学〉という語で表象される思想を紡ぎ上げるのだが、その考察の根本的方向性を定める起点を、彼はレッシングのその思索に置いているのである。

キェルケゴールの解するところでは、レッシングは、たとえばキリストの復活を知らせる歴史的真理は、キリストは神の子であるという永遠の理性の真理の証明にはなりえない、と考えている。そして前者を後者の土台にしようとするところには、一種の飛躍が存在する、と。そしてレッシングは、その難問に直面して、世界史や体系的思想などの客観的知識群によりどころを求めることを決してせず、どこまでも、それは各人がそれぞれ真剣に向き合うべき問題と認識していた。『非学問的後書き』はここから、こうした飛躍とその際の主体性の孤立を重視しながら、キリスト者になるとはいかなることか考察し、そして〈実存哲学〉の概念を練り上げていくのである。

すなわち、〈実存哲学〉の、神（真理）から絶対的差異によって隔てられている人間という〈実存〉の概念と、それをめぐっては客観的にではなく主体的思考によってアプローチせねばならないとする〈哲学〉の概念の形成には、レッシングからの相応の影響を見出すことができるわけである。

4 任務の遂行へ

†著作家への道

キェルケゴールは、この時期の集中的な学びを一つの契機として〈実存哲学〉の着想を得、それをこの先彫琢して仕上げていく。それは次章以降で見る著作家活動をつうじて補完や修正が続けられ、『非学問的後書き』において、序章で見た形でまとめ上げられることになる。

さて、一八四一年一〇月二〇日にマギスター学位を取得したキェルケゴールは、その直後、一〇月二五日にベルリンへ旅立つ。ベルリン大学でシェリングの教授就任講義（啓示の哲学）を聴講し、一八四二年三月六日にコペンハーゲンに戻る。その後しばらく著作家としての処女作『あれか、これか』の執筆、編集作業を続け、それを一八四三年二月二〇日に刊行することになる。ここにキェルケゴールの、長く困難な著作家活動が幕を開ける。

ところで、彼が著作家として世に出るにあたって、そのきっかけとなる一つの出来事があった。それを経験することで彼はようやく、自分のアイデンティティを明確に自覚するのである。自分は結局のところ懺悔者としてしか生きられず、これからはキリスト教界にキリスト教を再導入するという任務に携わり、神に仕えるスパイのごとく生きつづけるべきことを認識するのである。それはある女性との出会いと別れの出来事だった。

†レギーネ・オルセンとの婚約と破約

時計の針を少し戻そう。

キェルケゴールは一八三七年五月中旬、一人の少女と出会った。彼女の名前はレギーネ・オルセン(一八二二〜一九〇四)。父は財務省主計局局長で、国家顧問官も務めている。レギーネは、二人の出会いについて、キェルケゴールはたえまなく話し、とても強い印象を自分に残したと語っている。

二四歳のキェルケゴールと一五歳のレギーネは、互いに惹かれあうようになり、その後、彼が精神的危機を経てキリスト教へと回帰した一八三八年以降のいつのころからか、交際を始めたようである。先述のようにキェルケゴールは、一八四〇年七月三日に神学部最終試験を終えると、父祖の地セディングを旅行し、八月七日にコペンハーゲンに戻った。そしておよそ一カ月後の九月八日、レギーネに対して結婚を申し込んだのである。それは受諾された。ところが翌年一〇月一一日、彼のほうからの一方的な申し出により、この婚約は破棄されることになった。

キェルケゴールは数年後、レギーネとのこの一件の顚末を、多少の詩的装飾(と、かなり独りよがりな解釈)を交えて、回顧的に日記に描きだしている。その日記から、次のような事情が浮かび上がる。

キェルケゴールは、父ミカエルが一八三八年八月九日に亡くなる前から、すでに彼女と結婚すると決めていて、父の死後、一八四〇年八月から九月にかけて、彼女に接近するようになった。だが彼は、彼女に結婚を申し出た九月八日の翌日にはもう、自分が誤りを犯したことを悟ってしまっていた。婚約期間に情熱を増していくレギーネとは逆に、彼のほうは、ミュンスターの説教を毎週読み聞かせるなどして、それを冷まそうとした。そして彼は、学位論文が受理されたおよそ一カ月後、一八四一年八月一一日に、とうとう婚約指輪を送り返した。その際次のような手紙を添えたという。

どうしても起こるにちがいなく、そして起こってしまった場合には必要なだけの力が与えられるはずのことを、幾度も試すようなことをしないために、こうして起ったままにしておいてください。何よりもまず、これを書いている者のことをすっかり忘れてください。たとえいくばくかの能力があるとしても、一人の少女のことを幸せにすることができなかった人間を、許してください。東洋では、絹の紐を送ることは、それを受け取る者にとっての死を意味したといいます。ここでは、指輪を送ることが、それを送る者にとっての死となることを意味しているのです。（SKS6, 307／『人生行路の諸段階（下）』七三〜七四頁）

レギーネは自分を捨てないでくれと懇願したが、キェルケゴールの決意は固かった。キェルケゴールは、彼女にあきらめさせるために、極悪人として振る舞うことすらもした。彼女は必死に抵抗したが、一八四一年一〇月一一日、キェルケゴールは手紙ではなく口頭で、婚約破棄を告げた。彼女は絶望的になり、キェルケゴールは生まれてはじめて人を叱った――。

二人の破約の一件は、コペンハーゲンという小さな街中に、すぐに知れ渡ったようだ。

†なぜ結婚できなかったのか

なぜキェルケゴールはレギーネと結婚できなかったのだろう。

キェルケゴールの考えでは、結婚とは、現在時点の二人の関係性だけにかかわる問題ではない。むしろ過去も含めた二人の関係性にかかわる問題であり、過去への誠実さも必要になる。彼は懺悔者である。父と自分の罪の記憶をその背に担い、憂愁だった。そして他者にそれを口にすることもできず、閉じこもっていた。結婚したとしても、自分は憂愁でありつづける。そしてなお悪いことに、自分の憂愁の背後にあるあれこれのことを、相手と共有することができない。もしそれでも自分が結婚してしまえば、二人の関係は偽りとなってしまうだろう。だから彼は結婚できなかった。

彼は、もし自分が信仰を持っていたならレギーネのもとにとどまっていただろう、とも言っている。言い換えればそれは、キェルケゴールが、神が自分の罪とその意識を、痕跡を残すことなく拭い去り、自分を新しい人間として再生させてくれるというふうに、罪の赦しの信仰を持つことができなかったということである。付言しておけば、彼は後年、その信仰のあり方を「反省のあとの直接性」と概念化して、ふたたびその可能性を問うことになる（第6章参照）。

†懺悔者の任務

キェルケゴールは言う。厳格な宗教教育を受け、懺悔者としての意識を形成された少年時代、自分はすでに、いわば神と婚約させられたのだ、と。そうであるのに自分は、そのことを忘れ、レギーネとの婚約にまで進んでしまった。

結果的に（あるいはきわめて自覚的に）、キェルケゴールは、レギーネのことを、自分がごく普通の、人間的な、世俗的な生活を送っていくことが可能かどうかを再検査するための、試験紙のように使ってしまったのである。そして彼は、当然のごとく、神との先約を再認識させられた。すなわち、神の前に懺悔者であり、だから普通の人間のようにはこの世を生きられず、むしろ例外者として、これまでと同じようにこれからも、神に生涯を捧げて生きつづけるべきことを、彼は改めて得心したわけである。

彼が神に仕えるスパイとしての自分の規定を、そしてまた自分が生涯携わるべき、キリスト教界にキリスト教を再導入するという任務を、明確に自覚したのは、おそらくレギーネとの破約を経験した、この時期のことだったと思われる。

罪を悔い、憂愁のなかで深くへりくだる、懺悔者キェルケゴール。彼は、たとえどれほどそれを願おうとも、普通の人間の生き方は自分には開かれてはこないこと、神に生涯を捧げるべきことを、改めて知った。ではどのように、神に生涯を捧げるべきなのか。牧師になるべきなのか。あるいは隠遁者《いんとんしゃ》にでもなるべきか。いや、すでに彼の前に道は示されている。

キェルケゴールは少年時代、父ミカエルにより想像力と弁証法的思考力を磨かれた。その後学生時代を中心とした学びによって、〈実存哲学〉のアイデアを萌芽的に手にしていた。そしてもちろん、一九世紀中葉のデンマークは、特段何をせずとも、誰もがキリスト者とされ、キリスト者として生き、キリスト者として葬られることが普通であるような、キリスト教界であった。付け加えれば、彼には父からの膨大な遺産があり、あえて牧師などとして働く必要もなかった。

かくしてキェルケゴールは、キリスト教界にキリスト教を再導入するという任務を知る。そしてその任務を、著作家活動によって遂行すべきことを。ここにキェルケゴールは、神に仕えるスパイとなる。

†著作家活動へ

キェルケゴールはかつて、ギレライエで、自分がこれからこの世で何をして生きていくべきなのか思い悩み、何よりもまず、自分の規定を探し求めるべきことを知った。彼はその後、「大地震」体験をつうじて、自分は根本的に懺悔者であることを認識した。そしてレギーネとの出会いと別れを経験し、ようやくその規定を探り当てた。約言すれば、神に仕えるスパイである。キリスト教界にキリスト教を再導入する任務を帯び、著作を駆使して、人々の懐に潜り込み、神のもとへ立ち返らせるための工作活動を行う。

先にも触れたように、キェルケゴールは、一八四一年一〇月二〇日、『イロニーの概念について』でマギスター学位を授与されると、レギーネとの婚約破棄（一〇月一一日）の一件から逃れるかのように、すぐにベルリンへ向かった。四カ月以上にわたる滞在中に、処女作『あれか、これか』の原稿の執筆にとりかかっている。この一部の原稿をたずさえてコペンハーゲンへ一八四二年三月六日に戻った彼は、その後しばらく執筆作業に没頭し、一八四三年二月二〇日、それを刊行する。

神に仕えるスパイはここに工作活動を開始する。キリスト教界にキリスト教を再導入するという任務を遂行すべく、著作の執筆と刊行などをつうじて、キリスト教界のなかに〈実存哲学〉を作動させようとする。

コラム

教師キェルケゴール

ラテン語学校の教師キェルケゴールについては、素敵なエピソードがある。生徒の一人が次のような思い出を語っている。

定期テストは七月はじめに行われた。

学校への道すがら、私はとても美しいバラを一輪買い求めた。それはばかげたことだった。だって、ゆゆしきテストと花に、いったいどんな関係があるというのか？

教室では椅子が四辺の壁ぞいに並べられていて、真ん中にスペースが作られていた。ここに長方形のテーブルが置かれ、試験が行われるのだ。私は試験の手順を思い浮かべても、少しも怖さを感じなかった。その日の試験はラテン語だったのだけれども。

試験官はかのセーレン・キェルケゴールだった。彼は私より上級生の担当だったので、いつもは校庭から眺めて知っているくらいだった。でも私には、その人にはどこか普通ではないところがあるにちがいないと感じられていた。だから誓って言うが、私はぜったいに、彼の細く、左右の裾の長さの違うズボンを見て、笑ったことはなかった。

みんなの前、テーブルの端が彼の席だった。私の場所は彼に近く、手にバラを持って座っていた。

彼が教室に入ってきたとき、試験官への敬意として、私たちは全員起立した。そしてまた座ろうとしたそのとき、私は、すべてを見透かすような彼の眼差しに捉えられた。

よくよく考えてみても、その次に起こったことを、私は自分に説明することができないでいる。まるで磁力が働いたかのように、私は席を離れ、その不思議な男のほうに引き寄せられていったのだ。そして彼の両目が私をずっと見つめるなか、私は彼にバラを差し出した。

彼は微笑んでそれを受け取った。片方の腕を私の首に回し、耳元でこうささやいた。

「いい子だ。きみにはまちがいなくAをあげよう！」

そして私はAをもらった。(EWK, p. 23)

第3章 美的著作という餌をまく

神に仕えるスパイは、デンマークの人々のもとに放たれた。キリスト教界を生きる人々を神のもとに回帰させようと、孤軍奮闘の著作家活動に乗り出す。

それは一八四三年二月二〇日に刊行される『あれか、これか』によって始まる。そして、一八四八年七月二四日から二七日にかけて、デンマークの日刊新聞『祖国』(*Fædrelandet*)に連載された「危機と、ある女優の生涯における一つの危機」(以下「危機」)をもって、ひとまず締めくくられる。

まず本章で、彼がどのように〈実存哲学〉の理念を作動させようとしたのか、著作家活動のデザインを捉えよう。それを踏まえて、第4章、第5章で主要な著作のいくつかの内容を確認し、著作家活動の全貌を浮かび上がらせたい。

1　美的著作と宗教的著作

†著作家活動の説明書

キリスト教界にキリスト教を再導入するという任務を成功裏に遂行するのは、容易なことではない。人々は、誰もがそのままのあり方でキリスト者と認定される社会、キリスト教界を生きている。キリスト教界を生きる人々に向けて、本来の信仰のあり方を諄々《じゅんじゅん》と説いて回ったところで、事が改善する見込みはほとんどないだろう。キェルケゴールはそこで、〈実存哲学〉を作動させようとする。罪と救いのはざまを生きる人間のあり方、〈実存〉をめぐって、わがこととして主体的に考えること、〈哲学〉すること、ここに人々を誘おうとするのである。そのために彼は、間接的伝達を駆使しようとする。

ではその間接的伝達は、いったいどのような形をとりうるのだろうか。

先にも言及したが、キェルケゴールは、自分の著作家活動が、そして〈実存哲学〉が、誰にもまったくその真意を理解されないのではないかという懸念から、その説明書を書き残している。『私の著作家活動への視点』という本である。その書には、キェルケゴールがそもそも懺悔者であり、キリスト教界にキリスト教を再導入するという任務を課された、神に仕えるスパイであることが明記されている。そしてまた、彼がどのようにその任務を著作家活動によって果たそうとしているのか、著作家活動をつうじて〈実存哲学〉を作動させる仕組みが詳述されているのである。

結局、この書はあまりにプライベートな内容（キェルケゴール自身にかかわる何らかの罪の存在や、彼の懺悔者意識など）を含むことから、生前の刊行は見送られた。代替的に、そうしたことを省略した、コンパクトな簡易版『私の著作家活動について』が刊行されるだけだった。とはいえ後世のわれわれとしては、この『視点』を手がかりにして、〈実存哲学〉の作動の仕組みを知ることができるのである。

†著作家活動のデザイン

では彼の説明に耳を傾けてみよう。

キェルケゴールによれば、著作家活動において彼が生み出したのは、合計一八の書である（実際にはこれら一八の書のほかに、『想定された機会によせる三つの講話』が存在しているはずなのだが、『視点』ではなぜか言及されない）。そしてこれらの著作たちは、基本的に、美的著作（æsthetiske Produktivite）と宗教的著作（religieus Produktivite）のいずれかに分けられる。

著作家活動はさらに、時期的に第一期から第三期に分けることができ、それぞれの時期によって重点の違いがある。第一期は美的著作に重点が置かれ、第二期は転回点（著作としては『哲学的断片への結びとしての非学問的後書き』のみ）であり、第三期は宗教的著作に重点が置かれる。ただ全体をつうじて、美的著作と宗教的著作を並走させる戦略が一貫して存在しているという。

†精神とは何か

キェルケゴールが著作をつうじてどのように〈実存哲学〉を作動させようとしているか、その仕組みを捉えるためには、美的著作と宗教的著作の並走性という戦略について理解することが必要となるわけである。そしてそのためには、当然ながら、「美的（著作）」「宗教的（著作）」とはそれぞれどのようなものか、理解することが必要となる。「美的」「宗教的」について理解するためには、彼の言う「精神（聖霊）」（Aand）についての理解を出発点とするのがよい。そこでやや回り道にはなるが、彼がどのような意味で「精神」という語を用いているのか考えよう。

まず、序章で触れたように、万物の創造主であり維持者である神が存在し、神との関係であらゆる事物が実存するが、人間はそのことに盲目的になりうる。そして彼によれば、そのときどれだけ人間が反抗的になったり、あるいは神なしで済まそうとしても、やはり人間は心の奥底に、たとえ当人が無自覚であるとしても、神に由来する印が与えられてしまっている。

「精神」は、とくにこの文脈で用いられる概念である。キェルケゴールは次のように言う。人間にとってのこの時間的な生とはまるで、子どもにとってのおもちゃやゲームのようである。父親はそれらが素晴らしいと思うこともあるのだが、それでもいつか子どもをそれらから引き離そうとする。神もやはり人間に、もちろん忍耐の神としてではあるが、建徳のため、同様のことをする。すなわち神は人間に、時間的なものからいずれ袂を分かち、「精神」が立ち現れるようになることを求めているのである——。

つまりキェルケゴールの言う「精神」とは、時間的な物事に囲まれてあくせくしながら生きている人間にあって、それでも本来的な、永遠的な生に向けて人間を導くべく、人間が神から与えられている力のことである。なお「精神」とは、神学的には、三位一体論で論じられる概念である。父としての神、子としてのキリスト、そして聖霊が三位一体としての神を表わすとされ、神から人間に与えられたものとしての霊のことである。キェルケゴールはその意味に忠実にこの概念を捉えていることがわかる。

†美的著作

では、キェルケゴールが自らの著作の内容を特徴づける概念として用いる、「美的」「宗教的」とはどのような意味なのだろう。まず「美的」について考えよう。

現代のわれわれは普通、「美的」を、「美しいさま」といった意味にまず解するだろう。だがキェルケゴールのその語の用法は、いくぶん異なる。キェルケゴールは後述の『あれか、これか』のなかで、「精神」との関係で、「美的」について次のように述べている（正確には仮名著者に述べさせている）のである。

まず、人間における「美的なもの」（det Æsthetiske）とは、現にそうある自分のままでいようとする性向のことである。「美的」な人間にとって、人生の意味と目的は、人生を享受することであって、その享受とは、商売や数学、詩や芸術、はたまた哲学など、個々人が偶然的に保有する、さまざまな才能の発展に求められる。

なお、キェルケゴールはこの「美的なもの」との対比で、「倫理的なもの」（det Ethiske）を考える。それは、人間をして、そうなるべきものにならせるような性向のことである。見方を変えれば「倫理的なもの」とは実践性であり、これとの対比で捉えれば、「美的なもの」とは非実践性、観照性であるとも言える。

すなわち、「美的」とは、「精神」という観点から捉え直せば、神から人間への、永遠的な生に向けての働きかけの作用である精神から目を背け、所与の自分のままでいようとする、人間の側の性向についての形容と言える。逆に精神という本来あるべきあり方に進ませる人間の側の性向の形容が「倫理的」である。人間は原罪を背負う存在として、所与のままでは、神や永遠、罪や罰といった概念に対して盲目的であるので、美的な人間は直接性でもある。

「美的著作」とは、約言すれば、非精神的で観照的な著作である。そのようなものとして、典型的には詩や芸術や哲学を主題とする著作がそれに属するわけだが、どこまでも非倫理的、非実践的であるかぎり、キリスト教を主題とする著作であってもこのカテゴリーに属しうるわけである。

†宗教的著作

「美的」をこのように理解すれば、「宗教的」の意味も理解できることになる。端的に言えば、それは上述の意味において精神的ということであり、永遠的なものに定位した、さまざまな物事についての見方の形容である。「宗教的著作」はそこで、聖書のいろいろな個所に題材をとりながら、この時間的な世にあって精神としての生を生きる人間の姿、その喜びや葛藤、苦悩などを描き出す。

先述のように「倫理的」とは、キェルケゴールにあっては、この意味での「宗教的」なものへと向けて人間を連れ出す、人間における性向の形容であり、「美的」と「宗教的」をつなぐものという位置づけにある。

なお、キェルケゴールは自らの宗教的著作について、それは「説教」(Prædiken)ではなく「講話」(Tale)なのだと強調している。キェルケゴールの考えでは、講話はある程度の懐疑が入り込むものであり、牧師職に就かないキェルケゴールのような者によってなされうる。他方で説教にはそのような余地はない。それは権能にもとづく絶対的なもので、牧師によってなされるべきものである。

またキェルケゴールはこのようなスタイルの自分の宗教的著作の多くを、「建徳的」(opbyggelig)講話と形容している。「建徳的」とは一般に、人間の宗教心を高揚させる、といった意味である。キェルケゴールの場合とくに、人間が原罪を担いながら、それでも罪の赦しをもたらされていることに、その建徳の中核を見る。だから、宗教的著作のうちでもとくに、罪の存在に大きく驚愕させ、その意識のまま赦しに向き合わせ、そこを土台として新たに人間性を作り上げるような作用をもたせた講話、それが建徳的講話とされる。

話を戻そう。キェルケゴールは、キリスト教界にキリスト教を再導入するという任務を果たそうとあれこれ思案した。そして、このような美的著作と宗教的著作を並行して出版することで、〈実存哲学〉を作動させようとしたわけである。たしかに、美的著作と宗教的著作がほぼ時を同じくして、対になって出版されていることが多い。また宗教的著作に重点が置かれる第三期にあっても、その最後に美的著作を刊行し、その並走性を確保しているように捉えられる。

†間接的伝達

当然ながらここで疑問が生じる。こうした著作の並走性がいったい何をもたらしうるのか、ということである。どのようにして、美的著作と宗教的著作を並行して執筆、刊行することが、〈実存哲学〉を作動させることになり、ひいてはキリスト教界にキリスト教を再導入することにつながりうるのだろうか。

キリスト教界とは、先に確認したとおり、キェルケゴールが身を置いた一九世紀中葉のデンマークのキリスト教のあり方のことである。形式的な手続きさえ踏めば、誰もが生まれながらにキリスト者として認定される社会である。そこでは人々は、神との関係については、せいぜい祝祭日に、それも他人事のようにして想像するくらいが関の山で、自分自身のリアルな問題として考えることをしない。

キェルケゴールの任務は、こうした人々の手にキリスト教を、その本来の姿で、生き方の根幹を定めるべきものとして戻してやることである。それがつまり人々を〈実存哲学〉にコミットさせることにほかならないわけだが、ではそのためにはどうするのがよいのか。

キリスト教とその必要性をストレートに人々に訴えること、たとえば精神としての生を主題とする宗教的著作を執筆、刊行して行き渡らせることは、有意味な作用をほとんど生み出さないだろう。少なくともキェルケゴールはそう考える。むしろキリスト教界に置かれた人々の状況をよく理解し、それを踏まえたうえでもっと狡猾《こうかつ》にやらなくてはならない。

たとえば、まず人々に取り入り、自分を信用させることから始めるのはどうだろう。そのうえで本当のメッセージをこっそり取り出し、いつのまにか人々がそれと鉢合わせるように仕向けるのである。人々が好む読み物といえば、もちろんいろいろな意味で興味をそそるものであり、総じて非宗教的で「美的」な書であろう。まずこれを餌として釣り針を垂らしておき、人々を引っ掛ける。釣り上げられてきた人々は、その本の作者を、自分たちと価値観のよく合う、親縁的な者と見るだろう。そこではじめて、宗教的な書を素早く取り出して突きつけるのである。

そのとき人々は首をかしげることだろう。それを狙うのである。首をかしげた人々はそこで、何らかの判断を迫られることになる。この体験が起点となって、普通であれば読むとのないような宗教的な書を、主体的に、真剣になって読むことがありうるのではないか――。

キェルケゴールはこのような目論見で、美的著作と宗教的著作を並行して刊行するのである。神に仕えるスパイたるゆえんである。そしてこれはもちろん、ソクラテスの産婆術に範をとった、被伝達者に自由に主体的思考を促す、間接的伝達である。伝達者はあくまで黒子として、被伝達者が自分の手で真理を探り当てるための、手助けをする。

蛇足ながら補足すれば、後述のようにキェルケゴールは、美的著作は本名によってではなく、仮名著者を立てて刊行する。だから美的著作の著者と宗教的著作の著者が同一人物、つまりキェルケゴールであることは、読者にはわからないのではないかという疑念が生じるかもしれない。だが当時のデンマークの知識人社会はきわめて狭く、仮名で刊行された美的著作がキェルケゴールの手によるものであることは共通認識だったようである。キェルケゴール自身もそのことを前提に仮名を用いたと考えられる。

2　著作家活動の深み

†実存全体を賭けた活動

キェルケゴールは神に仕えるスパイとして、キリスト教界にキリスト教を再導入する任務を遂行しようと、以上のようにデザインした著作家活動を展開する。われわれとしては、これを見取り図にして、美的著作と宗教的著作（および転回点とされる『非学問的後書き』）に目を通すことで、著作家活動の実際の形姿を把握することができるわけである。

その作業に進む前に、ここで、著作家活動について、ひいては〈実存哲学〉について、その本質を浮き彫りにする三つの事実をさらに指摘しておきたい。

一つ目は、キェルケゴールは〈実存哲学〉を、著作の執筆と刊行によって作動させようとするのだが、じつは文筆だけによって作動させようとしていたわけではないということである。ここはよく理解していただきたいのだが、キェルケゴールのアイデンティティは思想家ではないし、ましてや学者でもない。神に仕えるスパイである。神に仕えるスパイはもちろん、神により与えられた任務の遂行を至上命題とするのであり、そのために、手元にある利用可能な資源は何であれ利用しようとする。

彼は何よりもまず、所与の境遇や育まれた能力などを生かし、著作の執筆と刊行によって、任務を遂行しようとする。そして、じつはそれとはまた別の次元で、〈実存哲学〉の作動を後押しする行動もとるのである。彼自身の生という次元においてである。彼は、美的著作と宗教的著作の協働による間接的伝達がより効果的になるよう、コペンハーゲンの街なかで、人々の眼前で、ある種の人格を演じて生きようとするのである。彼がとった具体的な行動については、あとで見ることにしよう。

彼は、神に仕えるスパイとしての自身の活動の全体を、"Forfatter-Virksomhed"と呼ぶ。逐語訳すれば「著作家-活動」である。日本語に訳す場合、「著作活動」のほうが語感としては自然なのだが、それだと思想家としての著述業というニュアンスが強く出てしまう。先述からわかるように、キェルケゴールが携わったのはむしろ、自らの実存全体を賭けた活動であり、「著作をものす活動」ではなく「著作家としての活動」である。こうしたわけで本書では、その語を「著作家活動」と訳しておこうと思う。

†仮名の使用

二つ目は、キェルケゴールは著作家活動の産物たる著作の一部に、仮名の著者を充てていることである。

彼の説明によると、仮名の著者たちはキェルケゴール自身とは立場を異にしており、それぞれが詩的な人格を持つ。だから厳密に言えば、仮名の本のなかにはキェルケゴール自身のものといえるような言葉は一つもない（他方でキェルケゴール名義の本は議論の余地なく彼自身の言葉である）。

また仮名の使用には少なくとも二つのケースがあるという。つまり、どれほどのキリスト者かということを基準に、キェルケゴール自身より低い立場にある著者によって書かれる場合と、逆に高い立場にある著者によって書かれる場合である。

先の「美的」と「宗教的」の区別と重ね合わせてみると、美的著作は彼自身の言葉ではなく、また彼自身より低い立場の者による叙述であるので、仮名著者があてがわれることになる。他方、宗教的著作は等身大のキェルケゴール自身の語りかけであることから、実名で刊行される。付け加えれば、後年の著作家活動においては、キリスト者の理想像を読者に突きつける本が刊行されるのだが、これは彼より高い立場にある者による叙述であるので、やはり仮名が付されることになる。

一八世紀から一九世紀のヨーロッパを席巻したロマン主義の思潮においては、偽名による作品の発表が頻繁に行われていた。キェルケゴールが仮名を使用する背景には、そうした時代潮流があったこともたしかである。だが仮名を使用するより本質的な理由は、彼のある種の誠実さ（Oprigtighed）にあったと推察される。本当の意味で自分自身のものとは呼べないような言葉を、無責任にも自分自身のものとして、世に送りだすことなど自分にはとうていできない——彼はそう考えているのである。

あるときキェルケゴールは、仮名の著者を立てて、自分は刊行者の立場で世に送り出した著作（『死に至る病』）を、友人の一人に献呈した。その友人が、「キェルケゴールが執筆した本に対するお礼」を伝える手紙を送ってきたとき、彼は、私はただの刊行者にすぎません、と返信している。このことからも、彼がかなり本気で、仮名の著者を自分とは独立の人格として扱っていたことがうかがえる。実際、彼が日記で仮名の著作に言及するとき、自分の作品としてではなく、仮名の著者の手によるものとしてそうすることが常である。また彼は、完成した原稿を自宅から印刷所に運搬する際、仮名の著者による作品の場合は秘書に運ばせ、他方で実名の場合は自分で運んだという。

†摂理の導き

三つ目は、著作家活動のデザインのうちに、キェルケゴールは摂理の働きを見出していることである。

先に、キェルケゴールがその幼少期から青年期までの生をつうじて、神に仕えるスパイとしての規定を自覚するようになり、そして〈実存哲学〉の着想を得たと考えられることを確認した。だがその〈実存哲学〉を、美的著作と宗教的著作の並走性という形で作動させるところまで、彼が著作家活動に乗り出す段階ですべて考え尽くしていたのかというと、必ずしもそういうわけではなかった。

キェルケゴールは、自分の本性はもちろん著作家を向くが、あくまでその可能性にとどまると言う。むしろ神こそが自分の著作家活動の主体なのであり、神がそれをデザインし、そしてキェルケゴールの手から作品を生み出していく。言い換えれば自分の著作家活動は摂理の導きによって進むのであり、自分自身はといえば、その活動のあり方、デザインを、それがある程度進展したあとになってはじめて理解する——。

キェルケゴールは神に仕えるスパイとして、任務を遂行すべく、著作家活動に乗り出すのだが、少なくともその最初期の段階で、そのデザインの全体について自覚的というわけではなかったのである。たとえば『あれか、これか』という美的著作を執筆し刊行した段階で、それを出しにして人々を『二つの建徳的講話』に誘導しようという目論見は、必ずしも彼のなかで明確に現れていたわけではなかった。

たしかに、たとえば著作家活動の初期において、美的著作に対する仮名の使用にはアドホックなところが見られる。『不安の概念』は、もともと実名で出版することを念頭に書き進められたのだが、印刷所に原稿を運ぶおそらく数日前に、急遽仮名での出版に変更されている（だから、仮名著者が、キェルケゴールの恩師の一人である故メラー教授に献辞を述べる形になるなどの不整合が残ってしまっている）。

自分は著作家活動のデザインを、事後的に振り返って知るばかりだというこの考えの背後には、彼固有の宗教性がある。キェルケゴールは、宗教的な人間は後ろ向きに実存すると言う。神が自分のことをどのように用いようとしているのか、それをあらかじめ、前向きに知ることができるのだという考え方は、人間にとって危険であり傲慢である。むしろ宗教的な人間は、自分を無条件に服従する道具とするのであり、回顧的に神の意志を知るのである。モーセが神の顔ではなく、背中を見たように（「出エジプト記」33:23参照）――。

それでは、著作家活動のデザインについての以上の理解を見取り図にして、その実際の形姿を浮かび上がらせる作業に進もう。美的著作、宗教的著作のいくつかを概観し、彼がそれらを並走させることで、どのように〈実存哲学〉を作動させようとしているのか、具体的に理解しよう。また合わせて、著作家活動の転回点とされる『非学問的後書き』についても、概要をおさえておくことにしたい。

コラム

秘書から見たキェルケゴール

キェルケゴールの秘書の一人が、こんな思い出を語っている。

五週間にわたって毎日、彼の家で食事にあずかることがあった。(…)それはまた同時に、尽きることのない悩みの種でもあった。私たちは毎日、スープ——ぎょっとするほど濃い——をとった。それから魚と、メロンを一切れ。上等なシェリー酒をグラスに一杯。食べ終わるとコーヒーが運ばれてきた。銀のポットが二つ。クリームの容器が二つ。そしてたくさんの砂糖——これは毎日補充されていた。彼は食器棚を開けた。なかには少なくとも五〇セットのカップとソーサーが入っていた。同じものは一つとしてなかった。彼は言った。「さて、今日はどのカップとソーサーを?」 そこにはさしたる意味はなかった。だがどうするわけにもいかなかった。私は一セット、選ばざるをえない。私がどれにするか言ったとき、彼は尋ねるのだった。「なぜだろう?」 なぜ選んだのか、いつも答えなくてはならなかったのである。そしてやっとのことで解放されると、カップを手にすることができるのだった。(*EWK*, p. 208)

第4章　美的著作

第4章では、著作家活動で間接的伝達を機能させるために設けられたカテゴリーの一方、美的著作に焦点を合わせよう。神に仕えるスパイが人々を懐柔しようと用意した撒き餌は、いったいどのようなものだったのだろうか。美的著作のうち、『あれか、これか』『おそれとおののき』『不安の概念』『哲学的断片』を取り上げたい。それぞれについて、概要をおさえつつ、とくに重要な個所についてはクローズアップして理解し、また著作家活動全体との関係性などについて考えてみる。

もう一方のカテゴリーである宗教的著作と、著作家活動の転回点とされる『哲学的断片への結びとしての非学問的後書き』については、章を改め第5章で概観する。

1 『あれか、これか』

†美的人生観か、倫理的人生観か

『あれか、これか』は第一部と第二部から成る。第一部には二五歳の独身男性（仮に「A」と呼ばれる）の手によるとされるさまざまな文書が、第二部にはAの友人、壮年の妻帯者で判事の職にあるヴィルヘルム（仮に「B」と呼ばれる）の手によるAへの書簡が収録されている。ヴィクトル・エレミタなる人物が、たまたま古道具屋で見つけて買い求めた古い机の隠し扉のなかから、偶然これらの書類を発見し、刊行したことになっている。もちろんこれらの設定はすべてフィクションで、実際にはキェルケゴールがすべて一人で執筆し、刊行した。

Aの文書は、非精神的、感性的、観照的に、人生の享受を志向する美的人生観、Bの書簡は、精神としての生を志向する倫理的人生観を表わす。第一部であるAの文書の内容は、多種多様である。モーツァルトの歌劇『ドン・ジョバンニ』についての美学的な考察や、日記体の恋愛小説「誘惑者の日記」などがある。「誘惑者の日記」は、多数の女性たちを誘惑する者ではなく、一人の女性が自分に向ける恋愛感情を、それが結婚という形での義務と結びついてしまうことを周到に避けながら、遊戯的に享受しようとする誘惑者の心理を描く（これはおそらくレギーネとの一件を、一部下敷きとしている）。こうした文書を創作させるAの美的人生観の根底に流れているのは、人生は空虚で無意味だという考えである。

他方第二部にあたるBの書簡のほうは、「結婚の美的妥当性」「人格の形成における美的なものと倫理的なものの均衡」から成る。これらをつうじてBはAに、Aに欠くのは信仰であり、信仰を手にするために、あれか、これかの真剣な選択の場、倫理的人生観に立つべきことを説く。

刊行者エレミタは、AのこともBのことも知らないし、Bの書簡がAに何らかのものをもたらしたのかも、二人がその後どうなったのかもわからないという。『あれか、これか』は美的人生観と倫理的人生観を並列して描写するが、この本自体はこれらのどちらかに読者を誘導しようとするのではない。ただこれら二つの人生観をさまざまな観点から対比的に描き出すばかりなのである。

✝善悪の選択

本書のタイトル「あれか、これか」は、Bの倫理的人生観を象徴する概念である。それは、時間的なものと永遠的なもののどちらかを選ぶ選択、善悪の選択のことである。選択の場に立ち、その選択に真剣に向き合うことにより、美的に生きる人間のうちに、永遠的な生、精神としての生の萌芽が現れる。ここが宗教的な生の起点となりうるわけである。

ここで注意したいのは、BはAに美的人生観から離れるよう警告するわけだが、その美的人生観とはどのようなものかである。時間的なものと永遠的なものの選択の場に立ったうえで、前者を、人生の享受という選択肢をとることを常とする生き方のことではない。そうではなく、そもそもその選択それ自体を軽んじる生き方のことである。その選択について、他人事のように皮相的に考えることはあっても、決してわがこととして真剣に向き合おうとはしない人、結局のところ人生は仮面舞踏会だと言い放つ人の人生観である。

BはAのことを、無意味に人生を生きる者と見、A自身もそう自覚する。Bからすれば、時間的なものと永遠的なものの選択の場に立って生きるところに、人生の意味は姿を現す。たとえば第二部の「人格の形成における美的なものと倫理的なものの均衡」で、BはAに、愛しあう者同士にとって結婚の可能性とは、そうした選択の場に立つことであると説く。その場に立って、愛に倫理的な形を与えることについて、すなわち結婚という選択肢をめぐって、真剣に吟味すべきなのである。そこで二人が結婚という選択肢をとるならば、二人は愛のなかに、美的なもの（感性による二人のあいだのつながり）だけでなく、普遍的なもの（義務として形をとる二人のあいだのつながり）もまた体現し、ここに人生の意味が立ち現れるのだ、と。

†美的著作の企て

チェスの相手に、その駒は動かせないよ、と言われたときの駒。その駒が感じるにちがいない気持ちが、僕の気持ちだ。（SKS2, 30／『あれか、これか　第一部（上）』三九頁）

『あれか、これか』、とくに美的人生観に立つAの言葉のなかには、このような、ウィットに豊んだ、美しい言い回しがたくさんある。一読者としてはこうした言葉を、キェルケゴールの言葉として引用などしたくなるところではある。また逆に、『あれか、これか』には倫理的人生観に立つBによる種々の言葉もあり、倫理的な思想や、神や信仰といった概念も頻出する。こうしたものをキェルケゴールの考えとして引用したくもなる。

だが先述のように、キェルケゴールは、仮名の本のなかには自分自身のものと言える言葉は一つもないのだから、自分の名前で引用などしないでほしい、と懇願している。『あれか、これか』は、その全体としてはどこまでも美的著作なのであり、精神としての生を生きようとする者自身が放つ苦悩と喜びの言葉、宗教的著作家としてのキェルケゴール自身の言葉ではない。

キェルケゴール自身はと言えば、こうした美的著作をテコとして、間接的伝達を機能させようと、狡猾な裏工作を目論んでいる。いわばこの著作の背後に立ち、そのほかの著作たちのほうも見やりながら、全体をコントロールしようとしているのである。これは『あれか、これか』に限られた話ではないが、後世のわれわれが、キェルケゴールの著作を、彼の意図に忠実に理解するためには、こうした重層性を持つ著作家活動のデザインについての認識をいつも頭の片隅に置いておくことが、必要とは言わないまでも、とても大切である。

『あれか、これか』の初版は、八三八頁の大著で、五二五部刷られた。これがキェルケゴールの手によるものであることは、デンマークの知識人たちには周知のことだったようである。そしてこの本は、まさにそれが美的なものであり、宗教的に生きるべしといった説教臭さがなく、いろいろな興味深い内容が盛り込まれたものであるがゆえに、発売直後からデンマークの人々のあいだで大きな話題となった。

たとえば、キェルケゴールと同時代を生き、キェルケゴールと親交のあった、有名な童話作家アンデルセン（一八〇五〜一八七五）の耳にも、この本の評判は入ってきた。アンデルセンのとある友人が、このときパリに滞在していたアンデルセンへの手紙のなかで、この本に触れていること。それがデンマークでセンセーションを巻き起こしていること、著者のキェルケゴールについて、人々は読んだあとに嫌悪感を抱く——おそらくレギーネとの一件はデンマークの人々に知れ渡っており、それが「誘惑者の日記」の題材として活用されているように読めることが理由と思われる——が、それでもその知性と才能に感服するといったことが述べられている。

なお、アンデルセンは、かつて手厳しい批評をキェルケゴールから食らっていた(『いまなお生ける者の手記より』)。おそらくその逆恨みから、この手紙に対して、キェルケゴールは見せかけの才能を持つにすぎず、その本についてまったく好奇心を駆り立てられることはないと、そっけない返信を寄こしている。

2 『おそれとおののき』

†イサク奉献の物語

旧約聖書の「創世記」に、イサク奉献の物語(「創世記」22:1-19)がある。

イスラエル人の始祖とされるアブラハムは、高齢になって妻サラとのあいだに嫡子イサクを神から与えられた。だが神はアブラハムに、愛する独り子イサクを連れてモリヤの地に行き、焼き尽くす献げ物とすることを命じる。アブラハムは事を誰にも語らず、イサクを連れてモリヤに向かう。犠牲とするはずの子羊がいないことを、イサクは不思議に思う。アブラハムはイサクに言う、それはきっと神が備えてくださる、と。神が命じられた場所に着くや、アブラハムは祭壇を築いて薪を並べ、イサクを縛ってその薪の上に載せ、刃物を取って息子を屠《ほふ》ろうとする。そこで天から主の御使いの声が響く。その子に手を下すな。アブラハムが神を畏れる者であることが、今、神により知られたのである。アブラハムはかわりとなる雄羊を手に入れてそれを献げる。天はふたたびアブラハムに呼びかけ、自分の独り子である息子すら惜しまなかったアブラハムとその子孫の繁栄を約束する——。『おそれとおののき』はこのイサク奉献の物語をテーマにする。アブラハムは信仰の騎士として、不安におののく人間を救う導きの星であるが、そのアブラハムと神の関係は、人間的理解の領域を超越するきわめて特異なものに思われる。

本書の仮名著者ヨハンネス・デ・シレンチオはそこで、神とアブラハムの関係に焦点を合わせ、信仰という現象に伏在する三つの問題を取り出して、考察を加える。一つ目は、倫理的なものの目的論的停止は存在するか、二つ目は、神に対する絶対的義務は存在するか、三つ目は、アブラハムが彼の企図を、サラ、エリエゼル、イサクに秘密にしたことは、倫理的に擁護しうることだったか、である。

二つの「逆説」

シレンチオの考察をつうじて、神と人間の関係が必然的にはらむ「逆説」（Paradox）が浮かび上がる。神とアブラハムの関係は、信仰という現象は、通念を超えている（paradoxa）という意味で、逆説的なのである。

シレンチオが取り出す一つ目の逆説は、倫理的なものの目的論的停止、と概念化されるべきものである。アブラハムは独り子イサクの命を差し出そうとしたのであり、これは人間どうしの関係では、つまり倫理の次元では、決して許されることではない。だが神の命を受けるアブラハムはその次元を超越し、「単独者」（den Enkelte）として神と向き合うのであり、倫理という概念を神のために停止させてしまう。言い換えれば、人間が神と向き合うとき、単独者が単独者として絶対者に対して絶対的な関係に立つという逆説が現れるのであり、ここに信仰の可能性が姿を現すのである。もちろんこの次元に立つとき人間は、倫理の次元にとどまる人たちからの理解を得ることはできず、不安と苦難を抱えることになる。

二つ目の逆説は、それでも信仰者はこの世での幸福を信じる、という事態である。アブラハムは独り子イサクを献げるが、そのときもちろん永遠的なものを志向し、時間的なものを無限に諦めている。だがそれと同時に彼は、じつはひとたび諦めたその時間的な物事を、不合理なものの力によって、きっとふたたび手にすることができること、そうして幸福になれることを信じているのである。無限の諦めだけであれば、それを実行できるかどうかはさておき、その意義はシレンチオにも理解することができる。だがその先にあるこのような信仰は、シレンチオには理解することができない。これは神を試みることにもなりかねず、シレンチオは大きな不安を抱くのである。

本書のタイトル「おそれとおののき」は、聖書の言葉「恐れおののきつつ自分の救いを達成するように努めなさい」（「フィリピの信徒への手紙」2:12参照）からとられたものである。それは、神という超越的存在と関係するとき、人間は先述のような逆説的事態の前に立たされてしまうことから、そのときに人間が正しく持つべき心情のことである。

†信仰をめぐる思考実験

『おそれとおののき』の主題はこのように、どこまでも宗教であり、信仰である。だがキェルケゴールは本書を、やはり美的著作に分類する。実際この書の副題は「弁証法的叙情詩」となっており、キェルケゴールの認識ではこれは、神と人間、永遠と時間という二項の関係性が織りなす逆説的な事態をめぐる、人間の側での叙情的な詩なのである。言い換えれば本書は、精神としての生を実際に生き抜こうとする者の思考ではなく、信仰という現象を遠巻きに眺める者による思考実験であり、美的な立場の者のなす考察なのである。

とはいえキェルケゴールにとって、信仰を持って生きようとする人間が直面する逆説という主題は、彼の〈実存〉概念の中核的問題の一つとして、きわめて重要であったことも事実である。実際彼自身、美的な立場による考察であるとはいえ、『おそれとおののき』が描き出す内容については重要性を見出しており、自分の名は死後に、『おそれとおののき』によってだけでも不朽のものになるだろう、とまで述べている。

その予言はある程度現実のものとなった。『おそれとおののき』は彼の死後、とくに現代哲学に一定のインパクトを与えている。たとえばレヴィナス、デリダ、ハーバーマス、マーク・テイラーといった哲学者が、それぞれの問題意識からその書のなかの思想を活用している。

3 『不安の概念』

†自由の不安定さについて

『不安の概念』は、原罪というキリスト教的概念を、心理学的に論じる。人類の始祖とされるアダムとエバは、ヘビにそそのかされて、神により禁じられていたエデンの園の木の実を食べ、その結果神のように善悪を知る者となった。これが堕罪であり、(マリアを除く)人間はこの結果、原罪を背負うこととなったとされる。

人間は生まれながらにして罪のなかにあり、意のままにそこを逃げ出ることはできない。この原罪について、キリスト教教義学の場合、それを説明する任に当たることはできず、それを前提して考察を進めることになる。他方で心理学というスタンスであれば、それがいかにして人間に生じるのか、その可能性を追究することができる。そこで仮名著者ヴィギリウス・ハウフニエンシスは、同書で、「不安」(Angest)という心理学的概念に着目し、その考察を行うのである。

ハウフニエンシスは不安について、自由がその可能性に向けて姿を現すこと、と根本的な規定を与える。つまり不安とは、人間が所与の安定したあり方を離れ、さまざまな可能性に直面し、そうして自由という不安定さが立ち現れるさまざまな局面にあって、人間が襲われる感情のことである。ハウフニエンシスはそれを、自由のめまいとも表現している。ハウフニエンシスはそのうえで、原罪を軸として、不安を二つに大別する。一つは人間が「質的飛躍」(det qualitative Spring)によって罪を定立する不安であり、もう一つは罪とともに入り込んでくる不安である。

前者は原罪以前に人間が感じる不安のことであり、第一章「原罪の前提としての、原罪を後ろ向きにその起源の方向で説明するものとしての不安」で考察される。後者は原罪以降の不安であり、第二章「進行しつつある原罪としての不安」、第三章「罪意識を欠く罪の結果としての不安」、第四章「罪の不安、あるいは単独者における罪の結果としての不安」、第五章「信仰によって救済するものとしての不安」で考察されることになる。

†原罪をめぐる心理学

『不安の概念』の主題は原罪の可能性を心理学的に考察することであるので、中心的な内容は第一章ということになる。そこで第一章の内容を概観してみることにしよう。

ハウフニエンシスは、先述の創世記のアダムとエバの堕罪の話を全人類に敷衍する。アダムの最初の罪によってアダムに罪性が入り込んだように、その後の各々の人間も、最初の罪によって罪性が入り込む。そのとき「責め」(Skyld)によって人間の無垢は失われる。

ではこうした最初の罪の発生という質的飛躍、罪なき無垢な人間のうちに罪という新しい性質が生み出される変化は、いかにして生じるのだろう。ここではアダムをモデルケースとして考えてみればよい。よくなされる説明は、知恵の木の実を食べてはいけないという禁止こそが、その罪を生んだというものであるが、ハウフニエンシスはその説明を退ける。むしろ彼はそこに「不安」という概念をかませるのである。

罪と責め以前の無垢な人間において、いまだ精神は夢見たままの状態であり、その意味で精神は無である。その無こそが不安を生む。人間にあっていまだ目覚めることのない精神は、その現実性が無であるが、そうした精神がそれを目覚めさせるような刺激にさらされると、人間において、精神として生きる自由が可能性として姿を現そうとする。そのときこの無は人間のうちに、不安という心理を湧き上がらせるのである。

この不安にそそのかされて、アダムは知恵の木の実に手を伸ばしたのであり、同様に無垢な人間は責めと罪に手を染め、罪性を帯びる。いまだ可能性の無であった精神は現実のものとなり、ここに人間は原罪を背負って、精神の力を得ながら、時間的な生を生きていくのである。

このように理解される不安という心理を別の観点から捉え直せば、それは、共感的反感であり反感的共感である。すなわち、精神として生きる自由の可能性を前にして人間は、それに対してきわめて錯綜的な感情を持つのである。精神としての生という、おそらくはあるべき生でありながら、そうであるがゆえに苦悩の多き生に対する、共感と反感の入り混じった感情である。そうした両義的な心理状態こそが不安なのである。

†あくまでキリスト教という文脈において

『不安の概念』は、キェルケゴールが著作家として刊行した本のなかでは、おそらくもっとも学術的なものであり、哲学者や神学者、関連する諸概念等への言及が数多くなされる。実際彼は当初、この本を、学位論文（「イロニーの概念について——たえずソクラテスを顧みつつ」）の延長線上に位置づけられるべきものと見ていたようであり、それゆえ先述のように、実名で出版することを考えていた。

だが本書の著者名は、出版直前になって、実名から仮名へと変更された。その理由は本書の副題「原罪についての教義学的な問題に向けての、単純な、心理学的に示唆を与える一考察」に読み取ることができる。先に概観したように、本書で行われるのは、原罪についての心理学的な考察である。その主題こそ原罪というキリスト教的概念であるものの、その考察たるや、『おそれとおののき』などと同様、精神としての実存の真剣さを欠く、俯瞰的で分析的なものになっている。それゆえやはり本書は、美的著作に分類されざるをえず、かくして仮名の著者が立てられざるをえなかったのである。キェルケゴールにとって学術という営みは、概して美的な活動なのである。

キェルケゴールの死から五〇年ほどを経た二〇世紀初頭、哲学の伝統的な主題である存在論に携わる哲学者たちは、現象学という方法を得て、存在をめぐる問いに新しい仕方でアプローチするようになる。そのとき幾人かの哲学者が、キェルケゴールの〈実存〉概念を再発見して思索に取り込み、そこにいわゆる「実存哲学（実存主義）」の思想潮流が形成される。ここで大きな役割を演じるのが『不安の概念』である。不安をめぐるハウフニエンシスの考察を一つのヒントに、たとえばハイデガーの『存在と時間』という、二〇世紀を代表する哲学書が書かれることになるのである。

とはいえ、ハウフニエンシスにとって不安とは、これらの哲学者たちとは異なり、存在論への一視座という役割を担う概念ではなく、どこまでもキリスト教という文脈のなかで形をとる人間心理であった。端的に言ってそれは、〈実存〉が抱えるものとしての心理であった。それゆえ当然ながら、『不安の概念』は、不安は信仰によってのみ救済を得ることができるとされて、締めくくられることになる。

4 『哲学的断片』

†人間は永遠の真理をいかにして回復しうるか

キェルケゴールは美的著作群において、仮名の著者たちをして、〈実存〉概念の諸相をめぐって、軽やかに哲学的、心理学的な考察を繰り広げさせてきた。『あれか、これか』では、美的人生観と倫理的人生観の対比がされ、『おそれとおののき』では、信仰の騎士アブラハムに定位して信仰という不可解な事象がはらむ逆説が取り出された。『不安の概念』では、原罪を基点にして罪をめぐる不安の諸相が描き出された。

キェルケゴールは『哲学的断片』で、〈実存〉概念の中核的問題の考察に乗り出す。すなわち、そもそもいったいなぜ、どのようにして、原罪を背負い、神を、永遠の真理を見失い、不安のなかに時間的な生を日々汲々と生きる人間が、その真理に目覚め、わざわざ信仰という不可解な逆説に向けて歩み始めるのか、である。端的に言って、人間は永遠の真理をいかにして回復しうるのだろうか。

仮名著者ヨハンネス・クリマクスは、この考察の出発点を、永遠的な意識への歴史的な出発点はありうるのか、という問いに定める。いったいどのようにして人間は、歴史的な知識を土台として、永遠の至福を志向するようになりうるのだろうか。人間は時間的な存在として、神から、永遠の至福から、真理そのものからは隔絶されている。だがある宗教――もちろんキリスト教のことなのだが、本書では哲学的考察という建前上、そうと明言はされない――は、そうでありながら、人となった神による福音という形で真理の所在を人間に告げ、永遠の至福を志向すべきこと、信仰を持つべきことを説く。いったいどのようにして、そのような転回が可能になるのだろう。

『哲学的断片――あるいは一断片の哲学』というタイトルが示すように、本書はその問いに、教義学や神学の立場ではなく、哲学という立場で向き合う。断片的な哲学という立場で。その問いをめぐって抽象的で体系的な理論を構築して提示することを目指すのではなく、むしろ地に足の着いた、断片的な知の集積でよしとするのである。ヘーゲル的な思弁哲学の体系性をアイロニカルに批判しつつ、さまざまな仕方でソクラテスと向き合いながら、思考が展開される。

†知性と逆説の幸福な一致

人間はいかにして歴史的な知識を土台に、永遠の至福を志向するようになるのか。人間はいかにして永遠の真理を回復しうるのか。クリマクスは本書で、この問いに対して、匿名のある宗教（キリスト教）の回答を提示する。その際彼は、ソクラテスの立場を対立軸に設定することで、その特徴をいっそう鮮やかに描き出そうとする。

『哲学的断片』がソクラテスの立場として彼に帰すのは、想起説である。想起説に立てば、真理は各人に内在しており、真理の認識とはその想起ということになる。そしてその場合真理は決して、ある人間から別の人間にもたらされるものではありえない。真理はもともと各人に内在しているはずなのだから、真理にかんしておよそ誰かがほかの誰かになしうることはと言えば、真理を自分のなかから産み出す手伝いをすることくらいである。人間は他者に対して、真理の産婆になるばかりである。

他方で、ある宗教（キリスト教）は、想起説とはまったく異なる前提から、人間と永遠の真理の関係を説く。その前提とは、真理は人間に内在していないというものである。さらに言えば、人間は真理を理解するための条件すらも持ちあわせていない（この状態が罪と呼ばれる）というものである。この場合であれば真理は、また真理を理解するための条件（罪の反対であり、信仰）も、各人の内から取り出されるべきものではなくなる。むしろ別の誰かによって、教師とでも呼ぶべき存在によって、人間にもたらされなくてはならないものとなる。

さてそれでは、このような教師たりうる者とは、いったい誰なのだろう。この教師は学ぶ者に、衣服を取り換えるような皮相的な変化をもたらすのではない。学ぶ者に真理をはじめてもたらすわけだから、学ぶ者をゼロから作り変え、その中身をすっかり変えてしまう。そのようなことは、およそ人間にできることではないだろう。この教師は神自身なのである。言い換えれば、救済者、宥和者、そしてまた審判者でもある。

学ぶ者の側からすれば、自分には不在であり自分とは異質的でもあるような、真理と、真理を理解するための条件を手渡されることは、新しい人間への再生ということになる。そしてそれは、罪の状態にあったことへの悔いによって生じる。

真理をめぐる教師と人間の関係がこのようなものだとすると、教師は、つまり神は、どのようにして人間に真理を教えることができるのだろう。神は愛ゆえに人間に真理を教えようとする。だがその際、仮に人間を自分のほうに引き上げてみても、人間の中身は罪という状態のままなのだから、人間が再生するには至らない。だから神が人間のもとに降りてゆき、人間を作り変えるしかない。神は愛ゆえに人となるのである。しかもそのとき、人間のうち誰一人としてその愛から、救いの網の目から漏れてしまうことがないように、神はもっとも卑賤《ひせん》な者の姿で人間の前に現れることになる。

かくしてここに、罪を背負い込んだ人間とそうではない神の質的差異という概念が、またその差異を超えて神が人となったという逆説の概念が現れる。そしてもちろん同時に、人間がその知性ゆえに、人となった神を受け入れることを拒絶すること、「躓き」（Forargelse）の可能性が生じることにもなる。

神の存在証明は無意味であり、そもそもその証明を始めようとするときすでに、その存在を前提してしまっている。神の存在証明から信仰が生まれることはない。むしろこのような真理をめぐる神と人間の関係性を前提すれば、人間は自らの知性の限界を、自力では真理に届きようがないことを、素直に認めなくてはならない。そして自らの知性を否定しようとするパトス（情熱）のままに、逆説を受け入れなくてはならない。

この知性と逆説の幸福な一致こそが、信仰の正体なのである。逆にその両者の不幸な愛が躓きである。そしてその情熱は、人間が自分自身の力で引き起こすことができるものではない。神が、教師が人間にそれをもたらすのである。そして神とのこのような関係は、教師と直接の同時代の人間でも、後代の人間でも、変わることはないのである。

†哲学の立場から

クリマクスは本書のなかで、自分は神の栄光と自身の喜びのために、思想に身を捧げて軽やかに踊るのだと言う。『哲学的断片』というタイトルが示すとおり、著者クリマクスは、宗教にも倫理にも考察の足場を置いていない。もちろん本書の主題は完全に宗教（キリスト教）ではある。だが宗教が示す真理に、実存をもってコミットする者の立場ではなく、それについて客観的な視点で向き合い、軽々と哲学に興じる者の立場からの考察なのであって、やはり本書は美的著作に分類されている。

とはいえ本書は、また本書の補遺という位置づけで数年後に執筆されることになる『非学問的後書き』も、ほかの美的著作とは異なり、〈実存〉概念の中核的問題をめぐる考察である。そのようなものとしてこれらは、キリスト教界にキリスト教を再導入する任務にあたり、〈実存哲学〉を作動させようとする神に仕えるスパイ、キェルケゴールにとって、きわめて重要なものであった。そこでキェルケゴールはこれらの書においては、著者としてではないものの、刊行者として実名を明記している。

クリマクスは、本書では、想起説と対比される匿名の宗教の立場を、キリスト教であると明言はしない。彼はあくまで哲学の立場に踏みとどまろうとするのであり、「教師」や「逆説」とは言っても、「キリスト」とは言わないのである。『哲学的断片』で描き出した、真理をめぐる神と人間の相関図に、キリスト教の諸概念をもって彩色を施し、クリマクスの、ひいてはキェルケゴールの、キリスト教理解の中心部を描き出す作業は、『非学問的後書き』においてなされることになる。

コラム 『あれか、これか』の校正

キェルケゴールが『あれか、これか』の校正作業に携わったのは一八四二年末から一八四三年はじめにかけてのことだったが、おもに日刊新聞『祖国』のオフィスでその作業が行われたらしい。当時の『祖国』の責任者ギョヴァズ(一八一一~一八九一)の人柄もあり、そこはいろいろな人たちのたまり場になっていたようである。そこに出入りしていたある人物が、キェルケゴールにかんして次のような回顧を残している。

キェルケゴールはそこに毎日やって来ていた。〔一八四二年から〕一八四三年の冬の『あれか、これか』の校正作業は、言ってみれば、『祖国』のオフィスで行われたのだった。こうなってしまったことの責任の一端は、〔『祖国』の編集者の一人である〕プロー〔一八一三~一八八四〕にあった。というのも彼は、その有名な思想家と個人的な関係を取り結ぶことに、まったく関心を向けなかったからだ。次のことがどういうことなのか、想像してみてほしい。新聞を、締め切り――警察の検閲官が配達前に目を通さなくてはならなかったので、午後の早い時間だった――に間に合わせなくてはならないこと。そして、常識外れの、自分のことにしか興味のない男がオフィスに鎮座し、自分がどれだけ迷惑かについてはこれっぽっちも思いを致すことなく、講釈を垂れ、語りつづけていること。プローが彼に魅力を感じていたとしても、そしてまたプローが彼の言うことに耳を傾けてみたいという衝動を感じていたとしても、それでもプローとしては、その部屋を立ち去って、自分のスペースに戻らなくてはならなかった。とにかくやることが、来る日も来る日もたくさんあったのだ。ギョヴァズのほうはと言えば、うやうやしくご主人様〔キェルケゴール〕の足元に座って傾聴していた。よく知られていたことなのだが、キェルケゴールには狭量なところがあって、彼との会話を途中で切り上げる人のことを断じて許さなかった。だからプローは彼を見て、日常生活をナンセンスにかまける俗物、と、軽蔑の念を一人抱いていたにちがいなかった。

(*EWK*, p. 56)

第5章　宗教的著作と『非学問的後書き』

キェルケゴールは著作家活動において、美的著作と宗教的著作を並走させ、間接的伝達により、〈実存哲学〉を作動させようとする。前章では美的著作について、その主要な作品のいくつかを概観した。神に仕えるスパイはこれらを撒き餌とし、これらに関心を持ち近寄ってきた人々に向けて、宗教的著作を突きつける。

本章では宗教的著作のうち、『二つの建徳的講話』『愛のわざ』『キリスト教講話』を取り上げたい。それぞれについてやはり、概要を捉えたうえで、とくに重要な個所についてはクローズアップして理解し、著作家活動全体との関係性などを考えてみよう。また、美的著作にも宗教的著作にも属さず、著作家活動全体の転回点とされる『哲学的断片への結びとしての非学問的後書き』についても、あわせて概観しておきたい。

彼が著作家活動の一環として、自分自身の日常生活も一つの表現媒体として活用し、〈実存哲学〉の作動を後押ししようとしていたことについても、最後に確認しよう。

1 『二つの建徳的講話』

†最初の宗教的著作

『二つの建徳的講話』（一八四三年五月一六日刊行）は、キェルケゴールがはじめてものした宗教的著作である。もちろん仮名著者は充てられず、キェルケゴール自身の名が著者としてクレジットされている。

タイトルが示すとおり、本書は二つの講話からなる。第一講話は「信仰の期待」と題され、新約聖書「ガラテヤの信徒への手紙」（3:23–29）、とくに、「あなたがたは、もしキリストのものだとするなら、とりもなおさず、アブラハムの子孫であり、約束による相続人です」（3:29）という節を主題とする。第二講話の表題は「良い贈り物、完全な賜物はみな、上から来る」（「ヤコブの手紙」1:17参照）であり、その一節を含む「ヤコブの手紙」一章一七節から二二節をめぐって講話がなされる。

キェルケゴールは、権能をもった牧師としてではなく、読者と同じ一信徒の立場から、信仰者の生について、精神としての生について、その喜びと苦悩を、読者に向けて素朴に語りかける。

†神と人間の関係性

第一講話は「信仰の期待」に焦点があてられる。それは不確かな未来を克服しうる唯一の力だという。不確かな未来を前にしても、信仰者であれば、信仰によってそれを克服することができるのである。神を愛する信仰者は、たとえわが身に、世界に、何が起ころうとも、結局万事は益となるにちがいない（「ローマの信徒への手紙」8:28参照）という期待を持つことができるのである。未来に何も期待しない者はもちろん信仰者ではないが、自分の欲する事柄ばかりを期待する者も信仰者とは呼べない。信仰の期待とは、たとえ神の手による未来のあり方が、自分の願望の実現とは異なる形をとるとしても、神は結局万事を益としてくださるにちがいないという、永遠の期待なのである。

この第一講話を引き継いで、「良い贈り物、完全な賜物はみな、上から来る」を表題とする第二講話が展開される。自分の願望が成就しますようにという祈りは、神を試みることである。それがどれだけ絶望や苦悩からなされる祈りであろうとも、神は自分の願望をかなえてくださるような存在ではないことは、銘記されるべきである。何が人間にとって本当に益となるのか、それについて人間が抱く観念は、どこまでも人間的なそれであって、神の観念と同一ではない。

人間中心的に神を捉えようとする不遜さから手を引き、無力さのなかで人間は、謙虚に神と向き合わなくてはならない。そうした神と人間の関係性のなかで、あらゆる物事が神の意志によるのだということを信仰する勇気を持つことで、人間はあらゆる物事を善き贈り物、完全な賜物として、神から受けとることができるのである。

†読者に判断を迫る

『二つの建徳的講話』は『あれか、これか』からほどなくして刊行された。つまり同書では、とりわけ『あれか、これか』と協働して、〈実存哲学〉を作動させることが意図されているわけである。『あれか、これか』を読み、その美的内容に興味をそそられた読者は、同一の著者がほぼ同時期に世に送り出したこちらの作品にも手を伸ばすのではないか。そして、『あれか、これか』とはあまりに異質なその内容ゆえに、首をかしげることになるだろう。

神に仕えるスパイは、このようにして読者に何らかの判断を迫ろうとするのである。読者のなかにはそこで、キリスト教界におけるキリスト教とのかかわり方に安住してきた自分を反省し、罪と救いのはざまを生きるこの自分という存在のあり方をめぐって主体的に思考する道へ、〈実存哲学〉へ進む者が現れるかもしれない。

2 『愛のわざ』

†恋愛や友愛、そしてキリスト教的な愛

キェルケゴールは『愛のわざ』で、キリストの愛を範例とする「キリスト教的な愛」(Kjerlighed)、すなわち永遠的で精神的な愛、隣人愛の諸相を考察する。全体は二部に分けられ、それぞれいくつかの章から構成されるが、基本的にはどの章においても、聖書の言葉に題材をとる形で、その考察がなされる。

「祈り」と題された本書の冒頭の部分で、キリスト教的な愛とはいかなるものか、端的に述べられている。キリスト教的な愛とは、心からの自己否定が生み出す愛であり、そのようなものとして神に由来する。それはキリストによって啓示され、そして聖霊として人間のうちで働き、その愛を実践するよう人間を促す。

本論においてはおもに、恋愛や友愛といった人間的な愛との対比から、こうしたキリスト教的な愛について考察がなされ、その理想性と麗しさが描き出されていく。

✝隣人愛

第一部第二章の内容を概観してみよう。ここでは新約聖書の「マタイによる福音書」の一節、「第二も、これと同じように重要である。「隣人を自分のように愛しなさい〔汝隣人を愛すべし〕」」(22:39)が題材となる。この言葉にかんしてキェルケゴールは、「愛すべし」という義務について、愛すべき「隣人」について、そして「汝」についてと、焦点を移動させながら考察を展開していく。

これらのうちとくに、「隣人」に焦点をあてる考察において、キェルケゴールが本書で描き出そうとするキリスト教的な愛のあり方が、人間的な愛との対比で、きわめてあざやかに浮き彫りになる。

キリスト教は、人間的な愛、すなわち自然的な愛(恋愛)と友愛を、「偏愛」(Forkjerlighed)として王座から退け、かわりに精神的な愛、すなわち隣人愛を王座に就ける。

恋愛も友愛も、特定の誰かを愛することでほかの誰かを排除するので、偏愛である。その本質は情熱であって、一切か無かという詩人の範疇のものである。キリスト教的な愛は、それらを感性的で利己的なものと見る。恋愛と友愛にあっては自尊心の陶酔があり、陶酔した自尊心をもつ二つの我の結合はいっそう利己的になり、あらゆる他者から隔絶される。恋愛と友愛は自己愛なのである。これとの対比で見れば、キリスト教的な愛は、自尊心の陶酔から離れるという意味で、自己否定の愛である

キリスト教的な愛は、神を中間規定とする愛である。神を愛する人間は、神の愛を愛する。神は差異をものともしない平等性において人間を愛する。神を愛する人間はそれに倣い、誰一人締め出すことなく、自分の隣にいる人々を愛する。神の前での人間の平等性によって、人間はお互いを愛すべき隣人と見、お互いに結びつくのである。

神を愛する人が、誰か一人の特定の人を愛することは、もちろんある。だがそのときでもその人は、特定の人を偏愛しているのではなく、特定の人において隣人を愛しているのであって、すべての人を愛しているのである。このようなキリスト教的な愛は、人間的な愛とはちがって、永遠に精神として規定されている〈実存〉どうしの愛であり、精神の愛である。

†等身大の言葉で語りかける

『愛のわざ』の副題は、「講話の形式でのいくつかの考察」である。『愛のわざ』は宗教的

著作ではあるが、厳密には「講話」（Tale）ではなく、「考察」（Overvejelse）という種類のものなのである。

キェルケゴールによれば、講話とは、考察と異なり、話者と聴講者のあいだに、主題についての一定の理解が共有されていることを前提に、話者が聴講者にその意義について語りかけるものである。考察は理解の共有を前提しない。たとえばキリスト教的な愛について、講話であれば、その愛とは何かについての理解を聴講者がある程度持つことを前提して、聴講者に語りかけ、その愛に実感を持たせようとする。他方で考察は、むしろ聴講者にその愛についての理解を持たせようとするのであり、その意味で聴講者を覚醒させようとする。

キリスト教的な愛をめぐって、聴講者の実存を根本から変革させようとするので、そこでの思考は講話よりも先鋭化され、語り口はずっと激しいものになるという。『愛のわざ』はキリスト教的な愛についての、そのようなものとしての考察なのである。

とはいえ同書は、キェルケゴールが実名で語っているものであり、権能のある牧師としてではなく、一私人としての彼が、等身大の彼自身の言葉で読者に語りかける内容であることも確かである。もちろん同書で考察されるキリスト教的な、精神的な愛の世界を、キェルケゴール自身がいつも生きつづけることができていたわけではないだろう。だがそれでも、生きつづけるべきと認識していた生のあり方の一端ではあることは確かである。そのようなものとしてこの書を読んでみるとき、彼が生きようとしていた世界が垣間見えてくるし、そこにわれわれは驚きを感じるべきである。恋愛と友愛というきわめて人間的な愛をどこまでも偏愛として否定し去り、精神としての自己否定の愛を貫こうとする彼の姿に。

3 『キリスト教講話』

†「苦悩」はどこからくるか

『キリスト教講話』は、一八四七年八月中旬から一八四八年二月一一日までのあいだに、さまざまな契機、目的で書かれた四つの講話の寄せ集めである。第一部は「異邦人の思い煩い」、第二部は「苦悩の争いにおける気分」、第三部は「背後から傷つける思想――建徳のために」、第四部は「金曜日の聖餐式によせる講話」であり、共通するテーマがあるわけではない。

第二部「苦悩の争いにおける気分」の内容を概観しよう。

「苦悩」（Lidelse）とはキェルケゴールにとって、人間がこの時間的な生を生きながら、精神として永遠的なものを志向するところに現れる、苦しみであり思い悩みのことである。このテーマをめぐって七つの講話がなされる。このなかの第五講話「あなたが時間的に失うものを、あなたは永遠的に獲得するということのうちにある喜ばしいもの」を見てみよう。

人間は精神として永遠的なものの働きかけを受けながら、この時間的な生を生きつづける存在であり、この両者の関係性をいつも担わされて生きる。このなかで人間がとるべき道、キリスト者としてのあるべき生き方とは、つねに永遠的なものを見据えて、そのためにこの時間的な生を生きることである。

たとえば人間は、自分がとても好み、執着する時間的な事物を、いともたやすく無くしてしまう。そのとき永遠的なものを志向しない者は、この時間的な生において時間的なものを失うことで、絶望する羽目になる。だがキリスト者はそうはならない。キリスト者はつねに永遠的なものを志向し、時間的なものの喪失はただ時間的なことにすぎないのだと、もちろん苦悩しつつも、認識するのである。そしてキリスト者は、永遠的なものの助けによって、時間的に失うものは永遠的に獲得することができるのだと信じることによって、そのように認識することができるのである。

事の全体を別の見地から捉え直せばこうなる。すなわち、永遠的なものを時間的に失ってしまうこと、それが罪なのである。人間は精神として永遠的なものをその実存のうちに組み込まれて生きており、人間は時間的なものと永遠的なものの二つの契機に関係しながら生きる。そうした人間が、無くすという意味で失いうるものといえば、もちろん時間的なもののみである。他方で永遠的なものは、それがまさに永遠的なものであるがゆえに、そのような意味で失うことはありえない。永遠的なものを時間的に失うとは、罪とは、時間性のなかを生きる永遠性としての人間が、永遠的なものを無くしてしまうことではなく、それをないがしろにしてしまうことであり、そうして人間が破滅することとなるのである。

†絶望、罪をめぐる基本アイデア

『キリスト教講話』は講話であり、キェルケゴールが読者に語りかけるスタイルである。とくに第四部の第二、三講話は、キェルケゴールが一八四七年の夏に実際に聖母教会で説教した内容が下敷きとなっており、教会で参列者に語りかけるような、臨場感のあるものとなっている。

『キリスト教講話』は、キェルケゴールの著作のなかでおそらくもっとも知名度の高い『死に至る病』執筆の直前に書かれたものである。彼はすでにこの本のなかで、「絶望」

「罪」に心理学的な分析を施す『死に至る病』の、基本的なアイデアを提示している。上記第二部第五講話における考察がまさにそれである。人間は時間的なものを失うことを「絶望」と感じることもあるが、じつは本来的な「絶望」とは人間が永遠的なものを失っていることであり、こうした「絶望」はキリスト教の教えを背景にすれば「罪」なのだ、といった内容である。読者の視点から言い換えれば、『キリスト教講話』は、『死に至る病』の正確な読解のための手引きとして活用することもできるということである。

『キリスト教講話』第三部「背後から傷つける思想」では、キリスト教は人々に対して自身を弁護せず、むしろその真理をもって人々を攻撃すべきこと、そしてキリスト教界にあっては人々の背後に回って攻撃すべきことが説かれている。特段何をすることもなしに、自分はキリスト者であると錯覚させられてしまっている人々が多数いるのが、キリスト教界である。そうした人々の目を覚まそうと、人々の正面に立ってキリスト教の正当性を弁護したところで、誰も耳を貸すことはないだろう。むしろここでは、気づかれないように人々の背後に回りこむ必要がある。キリスト教の真理をナイフのように背後から突き立てて、それによって衝撃を与えるべきなのである――。

キェルケゴールは、このような叙述を含む『キリスト教講話』が、キリスト教界というあり方を許容しているデンマーク国教会と、それを中心にして形成されるデンマークの体制派キリスト教に対する批判として捉えられてしまわないかと懸念していた。だがキェルケゴールのこの懸念は杞憂に終わった。というのも『キリスト教講話』はほとんど売れなかったからである。

4 『非学問的後書き』

†キリスト者になるとはいかなることか

『哲学的断片への結びとしての非学問的後書き』は、美的著作とも宗教的著作とも異なる、第三のカテゴリーの作品である。著作家活動の第一期（美的著作に重点が置かれる時期）と第三期（宗教的著作に重点が置かれる時期）の中間期に書かれたことから、著作家活動の転回点と位置づけられている。内容的には、タイトルからわかるように、『哲学的断片』の補遺である。

『非学問的後書き』で仮名著者ヨハンネス・クリマクスが向き合うのは、キェルケゴールの（著作家）活動全体の根底をなす、「キリスト者になること」という問題である。すなわち、神に仕えるスパイの任務が、キリスト教界にキリスト教を再導入することであるならば、そこで目指される「キリスト者になること」とはいかなることか、これを本書は問題にするのである。『非学問的後書き』は、そのようなものとして、キェルケゴールが神に仕えるスパイの任務に従事するにあたって、どうしても取り組んでおく必要のあった、中核的な問題を扱う書なのである。

『非学問的後書き』は「キリスト者になること」という問題に、『哲学的断片』の成果を足場にして迫る。『哲学的断片』では、永遠的な意識への歴史的な出発点について、言い換えれば人間が永遠的な真理をいかにして回復しうるかについて、特定の宗教（キリスト教）の概念に依拠することなく、その意味で哲学的に、考察がなされた。『非学問的後書き』では、『哲学的断片』のその思索の成果に、満を持してキリスト教という彩色が施されるのである。

『哲学的断片』の言う、人間に真理とそれを理解するための条件をもたらす「教師」を、「キリスト」と特定することが、その焦点である。そのことを起点に、「キリスト者になること」とはいかなる事態か、どこにどのような難所が控えているかなどが、あぶりだされることになる。

†キリスト教に主体的にかかわる

人間に真理とそれを理解するための条件をもたらそうと地上に現れた教師はキリストである。では、卑賤の人間の姿をまとって地上に現れた神、神人キリストという出来事が、いかにして人間にとって、永遠の救いのための起点となりうるのだろうか。この問題を考察するクリマクスの根本的なスタンスは、「非学問的」(uvidenskabelig) という本書のタイトルに要約されている。すなわちその言葉は、ヘーゲル(主義)の思弁的体系へのアイロニカルな批判であって、本書は、キリスト教の真理をどう体系化するかではなく、それに自分自身がどうかかわるかを問題とするのである。

そこでクリマクスはまず、キリスト教の真理を客観的問題として取り扱おうとする考察をいくつか取り上げ、批判を加える(第一部「キリスト教の真理についての客観的問題」)。聖書の内容が事実であったかどうかを検証しようとする研究や、非実践的で観想的にキリスト教の真理を体系化しようとする研究などが、俎上に載せられる。クリマクスの考えでは、こうした考察が客観的「真理」なるものをもたらすとしても、それらによって、一人の人間が信仰へ向けて歩みを始めることはありえない。たとえば聖書の内容が事実であることが確証されたとしよう。だからと言って誰しもが今日から、神のために完全にわが身を捧げて、この世を生きていくようにはならないのである。つまり客観的「真理」は、主体的にキリスト教にかかわろうとする者にとって、どこまでも真理の近似値にとどまるのである。

このことを確認したあとクリマクスは、いよいよキリスト教の真理について、主体的問題として考察を進めていく（第二部「主体的問題。キリスト教の真理への主体の関係、あるいはキリスト者になること」）。すなわち、「キリスト者になること」の問題をめぐり、この私という主体に定位し、この私がキリスト者になるとはいったいどのようなことなのか、主体自身の視座からさまざまな情景を描き出そうとするのである。

クリマクスはこの系統の考察の出発点で、客観的真理と主体的真理のあいだの次元の相違にきわめて自覚的だった先達、啓蒙主義者レッシングに、敬意をもって言及する（第一編「レッシングのこと」）。そしてそこから先の考察が、『非学問的後書き』の本体部分である（第二編「主体的問題、あるいは、主体性に対してその問題が立ち現れるために、主体性はいかにあるべきか」）。

第二編前半の要点となるのが、序章で〈実存哲学〉の概念によって捉え直した内容である。すなわちそこでは、罪と救いのはざまを生きる実存の姿が描き出され、それについての非客観的で主体的な思考の重要性が説かれる（第一章「主体的になること」、第二章「主体的真理、内面性。真理は主体性である」、第三章「現実的主体性、倫理的主体性。主体的思考者」）。なお、キェルケゴール思想を特徴づける命題として有名な「主体性が真理である」は、この文脈で現れる。

第二編後半でクリマクスは、人間が主体的に真理とかかわり、キリスト者になっていくプロセスについて、人間の「パトス」(Pathos) に着目して考察を加える。パトスとは、実存する人間にあっての、永遠的なものによる時間的なものへの否定作用のことである。つまり、あの世を志向してこの世の喜びを断念させる情念のことであり、「情熱」(Lidenskab) とも呼ばれる。

クリマクスは、人間が主体的にキリスト者になっていくプロセス——美的に生きる人間が倫理的となり、さらに宗教的になっていく道のり——を、その要所で姿を現すパトスと関連づけながら、描き出すのである (第四章「『断片』の問題。いかにして歴史的な知識の上に、永遠の至福は打ち建てられうるか」)。なお、一般にキェルケゴール思想の代名詞のように見なされている、いわゆる実存の三段階説 (美的、倫理的、宗教的段階) は、この文脈で登場する。

†パトスの高まり

『非学問的後書き』の本体部分 (第二編) の前半については序章で要約した。ここではその後半、人間が主体的に真理と向き合い、キリスト者になっていくプロセスをめぐる、パトスに着目した考察をクローズアップしてみることにしよう。

美的に生きる人間は、不幸に直面するなどして、次第に時間的なものを諦めるようになっていく。倫理的に生きようとする人間は、時間的なものと永遠的なもののはざまで苦悩する。そして宗教的に生きようとする人間は、永遠的なものを志向すべきという理念を実現しえず、責めを負う。永遠の至福を追い求める人間において、パトスがここまで高められ、それでいてその人間にとっての宗教が、いまだ非キリスト教的なものであるとしよう。つまり、人間とは絶対的に異質な、超越的な神を想定せず、人間の本性と同質的な神を想定する宗教（ソクラテスのような異教＝宗教性A）であるとしよう。そのとき人間の責めに赦しがもたらされることはない。人間は責めから救われることはなく、永遠の至福は、人間からどこまでも遠ざかっていく。

だがそのときにこそ、神が人となるという逆説により特徴づけられる、超越的な宗教（宗教性B）が、すなわちキリスト教が、その人間の前で輝き始めるのである。神は人となり、「絶対的差異」（den absolute Forskjel）によって真理から隔絶され、救いの道を見失っている人間の前に現れる。そして真理（キリスト教が人間に告げ知らせる事柄）と、それを理解するための条件（信仰）を、人間にはじめてもたらすのである。

先には救われることのなかった人間の責めは、ここに罪へと変質し、神人キリストの贖いの対象となり、赦されることになる。キリスト教は人間の責めを、罪を赦すのだ。だから人間は信仰のもとに、その赦しを身に受けるべきなのである。

キリスト教の真理は、物事を知性によって把握することを常とする人間にとって、すんなりと受け入れられるものではなく、躓きの可能性を秘める。だが罪の赦しを希求する人間にあっては、その真理に、知性的な把握とは異なる仕方で接近する道が開けてくる。その真理をそっくりそのまま、全面的に受け入れようと、より高次のパトス、情熱が目覚めるのである。それこそが真理理解のための条件であり、キリスト教の信仰である。信仰とは、この情熱のなかに保たれていることなのだ。

†「結びとしての」「後書き」の意味

『非学問的後書き』は『哲学的断片』への「後書き」であるので、著者も同じくヨハンネス・クリマクスであり、キェルケゴール自身の名はやはり刊行者としてクレジットされている。本書は宗教的著作ではなく、哲学的な考察であるので、キェルケゴール自身は作者とはなりえないものの、その内容たるや、〈実存哲学〉の概念の中核に迫るきわめて重要なものなので、彼は刊行者として名前を出すわけである。

第一章で見たように、キェルケゴールは三四歳の誕生日(一八四七年五月五日)までには自分は死ぬに違いないという信念とともに、青年期以来ずっと生きてきた。『非学問的後書き』は一八四五年四月下旬から一二月中旬にかけて執筆され、三三歳の誕生日を間近にした一八四六年二月二七日に刊行された。『非学問的後書き』のタイトルの一部「結びとしての」（Afsluttende）とは、もちろん、『哲学的断片』を締めくくるという意味が第一義であるが、それとともに、自分の著作家活動を締めくくるという意味がこめられていると考えられる。じつは『非学問的後書き』には、ここまでの彼の著作家活動が産出したさまざまな書についての概説が含まれている（「デンマークの文学における同時代の試みへの着目」）のだが、そのことにもそれが読み取れるだろう。

余談だが、キェルケゴールにとってきわめて重要な書だった『非学問的後書き』であるが、リアルタイムでは五〇部ほどしか売れなかったらしい。その要因は、その分量（白水社の『キルケゴール著作集』では計三巻、合わせて一〇〇〇頁以上に及ぶ）と、人々の興味をあまり惹きそうにないそのタイトルにあったのかもしれない。

5 著作家活動と実生活

キェルケゴールは思想家ではなかったし、たんなる著述家というわけでもなかった。彼の根底には懺悔者意識が存在し、そこに彼の境遇や能力などが重ね合わさることで、神に仕えるスパイという基本的なアイデンティティが形成された。彼にとっては神が自分に課す任務の遂行が重大事で、キリスト教界にキリスト教を再導入することに心血を注ぐ。美的著作と宗教的著作という二つのカテゴリーの著作たちを連動させることで、キリスト教界の人々を〈実存哲学〉にコミットさせようとする著作家活動は、彼にとってそのような意味合いを持つものだった。

事の全体をキェルケゴールの視点から捉え直してみよう。与えられた任務の遂行を、著作の執筆と刊行という、机の前での手仕事に限定する必要性は、じつはまったくないのだということが見えてくる。むしろ自分が有していて、活用可能な資源が何かほかにあるのなら、それを任務の遂行のために注ぎ込むことが、神に仕えるスパイにとってふさわしい。キェルケゴールの〈実存哲学〉は、文筆に尽きる活動ではなかったのである。

神に仕えるスパイは、コペンハーゲンという街のなかを日々生きる自分の実生活も、任務の遂行のために差し出す。とりわけこの点においてこそ、通常の思想家に比してのキェルケゴールという人の特異さが際立つのであり、同時に、彼の生が同時代の人々にはスキャンダルに映った要因がある。

キェルケゴールは著作の執筆と刊行を進めながら、著作をつうじた伝達との相乗効果を狙って、第一期（美的著作に重点が置かれる時期）と第三期（宗教的著作に重点が置かれる時期）において、それぞれ別個の人格を、デンマークの人々の前で演じたという。

第一期にあって、彼は、自分が美的著作家として人々の目に映るように、美的な生活（享楽的な生活）を送る姿を、人々の前で演じたという。具体的には、たとえば『あれか、これか』の出版作業に忙殺される日々にあって、夕方足しげく劇場に出かけていき、わずか五分や一〇分であっても座席につき、その姿を人々の目にさらすようにした。

第三期にあっては、彼は今度は、宗教的著作家としての姿を人々の前で演じたという。彼の考えでは、本質的に宗教的なものはいつも闘争的である。つまり宗教的なものは迫害されることがその真理の証拠になりうる。だから彼は、宗教的著作を矢継ぎ早に世に送り出していたこの時期、人々から迫害されるような行動をあえてとったのである。具体的には、週刊新聞『コルサー〔海賊船〕』（*Corsaren*）に、彼は自分を攻撃対象としてわざと差し出したのである。

†コルサー事件

『コルサー』とキェルケゴールのあいだに生じた一件は、「コルサー事件」と呼びならわされている。それは先述のとおり、彼の主張するところでは、著作家活動の一環として彼が意図的に引き起こしたことだったのだが、それは同時に、神に仕えるスパイとしての彼のこれ以降の活動に、彼が予見しえなかったような影響を及ぼすことになる。ここでその事件を概観しておくことにしよう。

一八四五年一二月二〇日、キェルケゴールの大学時代の知人であった批評家ペーダー・ミュラー（一八一四～一八六五）は、彼が創刊した美学雑誌『ゲア〔大地〕』（*Gæa*）に、キェルケゴールが一八四五年四月に刊行した『人生行路の諸段階』についての批判的な記事を掲載した。そのミュラーは、ひそかにコペンハーゲン大学の教授の地位を狙いつつも、『コルサー』紙のゴースト・ライターを務めてもいた。『コルサー』は、民主主義、自由主義の黎明期にあって、人々のあいだに平等の意識を醸成することを目的に、一定の社会的地位にある人々を次々と俎上に載せては、彼らのプライベートを暴き出してこき下ろすことを常とするような新聞であった。おそらくはそうであるがゆえにかなりの発行部数を誇っていたようである。

さてキェルケゴールは、一二月二七日、日刊新聞『祖国』に、ミュラーの『ゲア』での記事に対する反論を掲載した。そのなかでキェルケゴールは、どうせならいっそのこと自分を『コルサー』に登場させてもらいたいものだと書いてしまった。つまり、著述の匿名性を尊重するという当時の慣例を無視し、じつはミュラーがあの『コルサー』に寄稿しているのだということを、暴露してしまったのである。

このことが両人にもたらした影響は甚大だった。ミュラーは、コペンハーゲン大学での地位を断念し、ついにはデンマークを去らざるをえなくなる。そしてキェルケゴールは、その希望通り、『コルサー』の容赦のない攻撃の的となったのである。『コルサー』は、キェルケゴールを揶揄する記事を風刺画とともに掲載しつづけた。たとえば、一八四六年一月九日付の『コルサー』には、キェルケゴールがコペンハーゲン市街を散歩するときに着用するズボンの左右の裾の長さが同じではないという内容の記事が、その風刺画とともに掲載された。こうした『コルサー』によるキェルケゴールの揶揄は、一八四六年七月まで続いた。その結果、キェルケゴールは、コペンハーゲンの街なか、いたるところで、人々に嘲笑されることとなったのである。

キェルケゴールの甥であるトレルス・ルン（一八四〇～一九二一）による回想が、当時の状況を生々しく伝えている。ルンにとって叔父にあたるキェルケゴールは、ずっと憧れの対象だった。だがこのころ、散歩中の彼の後姿を街なかで見かけ、挨拶のために走り寄ろうとした刹那、通りすがりの人々が彼を馬鹿にする言葉を口にするのを聞いてしまった。また別の人々は彼の、たしかに片方短いズボンの裾を見て、笑いあっているではないか。

ルンはキェルケゴールに近寄ることができず、別の方向に歩いて行かざるをえなかったという。

†著作家活動の一環としての実生活

話を戻そう。

キェルケゴールの言葉を信じるならば、こうしたコルサー事件は、神に仕えるスパイとしてキリスト教界にキリスト教を再導入するという任務を遂行する彼が、〈実存哲学〉をより効果的に作動させるために、意図的に引き起こしたことなのである。宗教的なもの、たとえば『愛のわざ』や『キリスト教講話』で描き出されている事柄の真理性を、その著者が迫害されることをもって裏づけようとしたということであり、やはり間接的伝達が機能しているのだという。

補足すると、キェルケゴールは、神が彼を介して生み出したはずの著作を、彼が独力で書きあげたものと考え、彼のことをある種の権威と見なす読者が出てきてしまう可能性が排除しきれないとも考える。そこでコルサー事件は、そうした危険性も阻止してくれるのであり、このことまでも彼は計算づくだったという。

このような、著作家活動に際しての、彼自身の実生活を活用した伝達は、〈実存哲学〉

の作動をどれほど補助したのか定かではないし、そもそもそれが何らかの補助的な効果をもたらしえたかどうかすら、あやしいところではある。たとえば、第三期において、コルサー事件が契機となって、キェルケゴールがコペンハーゲン市民に「迫害」されて、笑いものになってしまったことが、いったいどのようにして、隣人愛の諸相を描く『愛のわざ』の理解のための補助線となりえたのだろうか。さらに言えば、本当にキェルケゴールが、こうしたすべてを著作家活動の一環として、計算づくで行ったかどうかも、疑わしいところである。

だがここではそうした無粋なつっこみは控えよう。大切なのは、懺悔者キェルケゴールは、キリスト教界にキリスト教を再導入するために、文筆だけに没頭していたわけではなかったということである。神に仕えるスパイはまた、コペンハーゲンの街なかを日々生きる自分の実生活も、裏工作のための媒体として活用しようとしたのである。

キリスト教界にキリスト教を再導入するという任務との関係で、著作家活動が実際にどれほどの成果をもたらしたのかはわからない。もちろん『あれか、これか』はよく売れた。そしてまた、それを媒介としてキェルケゴールの著作に関心を寄せ、宗教的著作に、たとえば『二つの建徳的講話』に手を伸ばす人も、実際一定数いたようではある。

だがキェルケゴール自身が『私の著作家活動への視点』で述べているところによれば、彼の知り合いの一人などは、彼のところにやってきて、ぶつぶつ不平を漏らしたらしい。『あれか、これか』を書いた君の手によるものなのだから、よほど機知に富んだものだろうと期待して『二つの建徳的講話』を買ったのに、と。キェルケゴールはいわば、左手で人々に『あれか、これか』を差し出し、右手で『二つの建徳的講話』を差し出したのだが、ほとんどすべての人が、その右手で、彼の左手のものをつかみとるだけだった。

たとえ成果のほどが定かでないとしても、それでもキェルケゴールがこの時期に、神に仕えるスパイとして奮闘したことは否定しえない事実だろう。彼は全身全霊で、キリスト教界にキリスト教を再導入するという任務の遂行にあたったのだ。

だがもちろん、彼は一人の人間である。使徒ではない一信徒にすぎない。いったいどこまで自分は、神に仕えるスパイとして生きつづけなくてはならないのだろうか。レギーネとの一件をつうじて、時間的な生の平凡な幸福を断念せざるをえないことは覚った。コルサー事件によって、これからは周囲の人々との軋轢のなかを生きつづけなくてはならないことを知らされた。神に仕えるスパイとしての任務の遂行の人生は、この先、これまで以上に苦悩の多い、茨の道であるように思える。どれだけ自分が特殊な境遇と能力を与えられた例外者であろうとも、この世に生を享けた一人の普通の人間として、そうした茨の道を、本当にこれから先、歩んでゆかなくてはならないのだろうか。もっと平凡で穏やかな生き方が、自分に許されることはないのだろうか――。

当たり前だが、キェルケゴールは次第にそうしたことを考えるようになる。

第6章　逡巡

懺悔者キェルケゴールは、神に仕えるスパイとして生きてきた。キリスト教界にキリスト教を再導入することに任務を見出し、著作家活動を展開してきた。

そのように生きながら、彼は次第に、今後の生のあり方について思いを巡らすようになる。はたして今後も自分は、神に仕えるスパイとしてその任務に携わりつづけなくてはならないのだろうか。そうではない別の生が、自分にも可能ということはないのだろうか。

事実として、彼は、一八四九年七月に『死に至る病』を刊行し、それまでとは異なる仕方で〈実存哲学〉を作動させることを意図した、新たな著作家活動を展開する方向に歩を進めることになる。さらにその後は、デンマーク国教会が支柱をなす体制派キリスト教との全面的な衝突へと突き進んでいく。つまり彼は、キリスト教界にキリスト教を再導入するという任務に、終生携わりつづける。

この方向に足を踏み出すに先立って、キェルケゴールは逡巡するのである。彼は著作家活動を進めながら、限界であるはずの三四歳の誕生日(一八四七年五月五日)に向かう。このことが彼において思索の一つのきっかけとなり、この時期からおよそ一年間、彼は著作家活動の深部について、人知れず内省に沈む。著作家活動という道を歩む導因となり、変更不可能な仕方で固定されているように思われた、自分の生の根本的条件、すなわち懺悔者意識をめぐってである。そしてそれに紐づけられた、キリスト教界にキリスト教を再導入するという任務についてであり、神に仕えるスパイという規定についてである。

当然のことながら、思索は彼自身の罪と、その赦しについてまで及ぶ。そしてそのすえに彼は、自分の信仰のあり方をめぐって、自分の根本的な生き方をめぐって、ある確信を得るに至るのである。

本章では、その内面的ドラマを、日記をおもな手がかりとして浮かび上がらせたい。

1 三四歳——牧師か著作家かという問い

†プロローグとしての「大地震」体験

そのドラマのプロローグは、少しさかのぼったところにある。「大地震」体験である。キェルケゴールの家族は、不自然と感じられるほどに次々と、命を落としていった。父母を含めた九人家族のうち、一八三四年一二月までに、父、長兄、セーレンの三人以外、みな死んでしまった。また長兄の妻となった女性も、結婚後ほどなくして死んだ。

自分の子どもたちがみな、三四歳の誕生日を迎える前に死んでいったことを、父ミカエルは、三三歳で十字架にかけられたとされるキリストの死と重ね合わせて理解した。神を呪うという幼少時の自分の原罪の罰として、自分の子どもたちは誰も三四歳を迎えることはできず、自分は無力にも、子どもたちが死んでいく様を見つづけなくてはならない運命にあるのだ、と。そしてこうした彼の信念とその根源にある彼の原罪について、死を目前にした老ミカエルは、一八三八年五月、そのころキリスト教から離反してふらふらと浮世をさまよい歩いていたセーレンに、回帰のきっかけになればと、告げ知らせたのだった。

†三四歳という限界

家族に課された運命として、自分は三四歳までに死ぬにちがいない。セーレンはこの信念を、父の死後も本当に持ちつづけて生きてきた。もちろん結局彼は、後述のとおり三四歳の誕生日を迎えることになる。だが彼はその際、自分の誕生日は本当は別の日で、届出上誤って登録されてしまっていて、だから三四歳までにやはり自分は死ぬことになっているのではないかと、疑念を抱いたという。

キェルケゴールは、限界としての三四歳という信念と背中合わせに、これまで著作家活動を進めてきたのである。

『哲学的断片への結びとしての非学問的後書き』という、著作家活動の総決算となる意図を込めた書を、彼が三四歳の誕生日の前に書き上げたことも、その信念の反映と見ることができる。キェルケゴールは『非学問的後書き』を最後に著作家活動に区切りをつけ、田舎に引っ越そうと考えていた。そこで牧師としての任につき、罪の懺悔をしながら静かに余生を過ごそう、と。なお、先述のとおりキェルケゴールは、父ミカエルの遺志を汲み、一八四一年に牧師神学校を修了している。あとは叙任されさえすれば、牧師の職に就くことができた。

だがキェルケゴールは、結局そうすることなく著作家活動を続けた。そしてそのなかで、一八四七年五月五日、とうとう三四歳の誕生日を迎えるに至るのである。

†牧師か著作家か

さてそれでどうなるのか。彼はようやく、事の本質に向き合うことができるようになる、あるいは向き合わざるをえなくなるのである。すなわち、著作家という任務を続けて苦闘の生を送りつづけるべきなのか、牧師というより穏やかな、いわば願望の生に逃れるのか、という問いである。

彼は三四歳を自分の限界と見なし、自分は遠くない将来に死ぬにちがいないと考えていたがゆえに、おそらくそれまで、著作家として生きるか牧師になるかの選択の問題に、さほど真剣に向き合わずに済んでいたと思われる。牧師として非奮闘的、非闘争的に、信徒たちと穏やかな人間関係を持ちながら、経済的にも身分としても安定した生を送ることは、当然のことながら、じつは彼にとってきわめて魅力的なことであり、そう生きることができたらと願うことだったのである。

限界としての三四歳という信念が薄れるとき、それゆえ自分はこれからも当面生きつづけるのだということを前提するとき、牧師になるということが、消極的な選択肢なのではなく、じつは自分にとって大きな願望、渇望ですらあることが自覚されることになる。キエルケゴールはこう言う。牧師という地位に就いて安定した生活を送ること、それは自分の望むところである。だがそれは、正しいとも幸福とも思えないのだ。他方で著作家であることは、神が自分に与えた任務であるという意味ではもちろん安定しているとはいえ、現実的にはどうしても不安定な生活となる。だがそれこそが、自分のアイデンティティに合致したことなのだ――。

†変貌の示唆

三四歳となったキェルケゴールは、著作家という任務の継続か、牧師という願望の生か、その岐路に立つ。そして当然ながら、この思考は必然的に彼を、より根源的な問題へと導いていくことになる。どういうことか。

彼が著作家として活動するところには、通常の思想家が著作を書くこととは、まったく異なる意味合いがあった。思想家はふつう、大学などの研究機関に在籍して生計を立てつつ、既存の知の体系と向き合うことで自分自身の思想を構築し、それをおもに同業の思想家たちに向けて提示しようと、論文や著作を執筆、刊行する。

他方でキェルケゴールが著作家であるのは、神に仕えるスパイとして、キリスト教界にキリスト教を再導入するという任務を遂行するなかで、〈実存哲学〉を作動させようとしてのことであった。さらに言えば、彼がそのような著作家として生きざるをえないことの根底には、懺悔者意識があった。彼自身とまた父の罪の存在が、根深い懺悔者意識を彼のうちに醸成し、それゆえ彼は憂愁を抱えながら閉じこもって生きざるをえず、レギーネとの結婚生活に進むことができなかった。懺悔者という根本的条件に、所与の境遇や能力が重なり合い、彼のなかで神に仕えるスパイというアイデンティティが形成されたのだった。キェルケゴールがここで、著作家という任務が解除されないか、牧師として生きることは可能なのかと問うことは、このような生の根本的条件の再考に、必然的につながるわけである。

そしてそこでポイントになるのは、罪の赦しの信仰である。その信仰はこれまで、懺悔者意識の解消を彼にもたらすことはなかった。罪は赦されても罪の痕跡と懸念は残りつづけ、それが彼に、懺悔者意識を自覚させつづけてきた。だから彼は、神に仕えるスパイとしての生にとどめ置かれてきた。だが罪の赦しの信仰が、懺悔者意識からの解放をもたらしてくれることは、本当にありえないことなのだろうか。むしろ罪の赦しとは、罪を痕跡なく消し去り、その懸念も払拭し、懺悔者意識を過去のものにしてしまう仕方で、人間において作用すべき賜物ではないのだろうか。その信仰のもとでは憂愁や閉じこもりは緩和され、神に仕えるスパイの任務は解除され、彼の生は、ごく普通の人間の生に近づくことになるかもしれない。

キェルケゴールは一八四七年八月一六日、『愛のわざ』を書き終えて原稿を出版社に送る手はずを整えながら、自分のなかに変貌を示唆する何かが胎動しはじめている、と日記に書いている。自分自身について、自分の憂愁について、神とともにじっくりと考えてみよう、と。

2 『死に至る病』と『キリスト教の修練』

†『死に至る病』と『キリスト教の修練』の執筆

とはいえキェルケゴールは、このように変貌の胎動初覚を持ちながら、すぐにその思索に取り掛かることをしない。持ち前の想像力にそそのかされ、彼はひとまず著作の執筆のほうを優先して進めるのである。彼は『愛のわざ』刊行後、すぐに『キリスト教講話』の執筆に取り掛かり、一八四八年二月にはそれを書き上げる。一八四八年一月からは『死に至る病』、四月中旬からは『キリスト教の修練』の執筆に着手する。

『死に至る病』と『キリスト教の修練』を執筆し、その完成形がおぼろげに姿を現してくるにつれ、キェルケゴールが一八四七年以来人知れず向き合ってきた問い、著作家としての任務を果たしつづけるべきか、牧師という願望の生に逃れることができるのかという問いは、これまでとは少し違った意味合いをまとうようになる。そしてそのことにより、より切迫した問いとして、今度は現実の真剣な思索を彼に強いることになる。

その思索をたどるにあたっては、『死に至る病』と『キリスト教の修練』がどのような書なのか、ある程度理解しておく必要がある。

†キリスト者の理想像の提示

『死に至る病』は、絶望と罪という人間のネガティヴなあり方を網羅的に分析する書である。読者はこの書をつうじて、自分の生のあり方がその分析の網の目のどこかにひっかかること、それゆえ自分が絶望、罪という死に至る病を患う病人であることを自覚させられる羽目になる。こうなった読者は、その治療(罪の赦し)を探し求めるはずである。そこで、治療を正しく受けるための前提条件として差し出されるのが、『キリスト教の修練』である。

『キリスト教の修練』ではおもに、人間に贖罪をもたらす救い主、神人キリストのリアルな姿と、そうしたキリストに倣い、キリストとの同時性を生きる使徒のような理想的信仰者の姿が描き出される。その意図するところは、キリストが何よりも私たちに、絶望と罪という死に至る病の患者たる人間たちに求めているのは、永遠的なもののために時間的なものを捧げ、精神としてこの世を生き抜くことであると、読者に知らせることである。そしてそれと同時に、読者に、実際にそのように生きる人々の姿、すなわちキリスト者の理想像と、現実の自分自身の姿を対比させ、そのあいだの埋めがたいギャップを、自分の不完全さを自覚させることである。というのも、つまるところ、理想に比しての自分の不完全さを誠実に自認することこそが、罪の赦しに正しく与るための、必須要件だからである。

キェルケゴールはこのように、『死に至る病』と『キリスト教の修練』を協働させて、読者をキリスト者の理想像に向き合わせようとする。彼は日記で、これらの著作は理想性を前面化させ、キリスト者という範疇の条件を厳しくするものであって、キリスト教とは何かについての決定的な提示になると明言している。

†来るべき著作家活動

話を戻そう。キェルケゴールはこのような内容を持つ『死に至る病』と『キリスト教の修練』を、一八四八年前半に執筆し始めたわけである。ここで気づかれるのだが、こうした著作は、これまで彼が進めてきた著作家活動、美的著作と宗教的著作の並走性を中心的なデザインとする著作家活動の枠組みに収まるものではなくなっている。コルサー事件の影響下にあって世間からすっかり浮いた存在となったキェルケゴールは、おそらく人間のあり方をそれまで以上によく学んだ。美的著作から宗教的著作に誘導され、自分の生を反省的に見つめ直し、キリスト者として生き直すようになるほど、人々は善良ではないのだ。必要なのはむしろ、善良でないことを人々に自覚させることなのではないか。絶望、罪という死に至る病が自身のうちに根深く巣食っていることの自覚である。

キェルケゴールにとって、一八四八年四月中旬の時点で、これからも著作家活動を続けるのならば、刊行すべきは『死に至る病』と『キリスト教の修練』ということになる。そしてそこに形をとるはずの著作家活動は、それまでとはデザインを変えたものになる。人々に不完全さの自認を求めることを目的とした、キリスト者の理想像の提示が中心である。そしてそれは当然のことながら、キリスト教界というあり方を許容し、理想像を忘却して世俗に迎合してばかりいる（ようにキェルケゴールの目には映った）体制派キリスト教への鋭い批判を含み持つものとなる。

キェルケゴールは一八四七年以来、任務としての著作家活動を継続すべきなのか、それとも牧師という願望の生へ逃れることができるのか、折に触れて考えてきた。一八四八年四月中旬にいたって彼は、もしこの先自分が著作家活動を継続するのであれば、体制派キリスト教との衝突により、これまでより一層深い苦悩がもたらされるかもしれないという、あまりありがたくない見通しを自覚するにいたったわけである。ここにキェルケゴールは、いよいよ本腰を入れてこの問題の思索に取り組まざるをえなくなる。著作家か牧師か。自分は本当にこれからも著作家でありつづけるべきなのか。牧師という生き方が可能にはならないものか。懺悔者意識に手綱を引かれた神に仕えるスパイという規定をめぐる思索が、いよいよ本格的にスタートする。

3 信仰の弁証法的な規定

†憂愁と閉じこもりからの解放の試み

キェルケゴールは、一八四八年四月中旬、ためしに、自分の憂愁と閉じこもりが打ち破られたところをイメージしてみることから思索を始める。自然本性に反して精神としての生を強制され、精神が葛藤状態に陥った人間に現れる気分である憂愁。そして自分の罪にかかわる事柄を、黙して決して語ろうとしない閉じこもり。これらから自分が解放されるなら、信徒たちとのごく日常的な交流ができるようになり、自分であっても牧師になることができるかもしれない。

だがもちろん、このイメージが現実のものとなるのは不可能であることが、すぐに彼に知られることになる。それはもちろん、憂愁と閉じこもりとは彼にあって、あくまで表面的な症状にすぎないからだ。根底には彼自身のかかわる罪が存在し、彼が懺悔者であるという事実が控えている。著作家か牧師かの問いは、憂愁と閉じこもりからの解放の思索を経由して、彼自身の罪とその赦しの問題へ深まっていく。

†反省のあとの直接性

キェルケゴールはキリスト者として生きようと、これまでもその教えの中核である罪の赦しを信じてはきた。だがそれを、罪の痕跡を跡形もなく消し去るものとしては信じてこなかった。だからこそ彼はこれまで、罪についての懸念を抱えつづけ、それゆえに閉じこもりつづけてきたのである。そしてレギーネとの結婚生活を見送り、牧師ではなく著作家として生きつづけるほかなかった。だが罪の赦しとは、その信仰がひらく生とは、そのようなものでしかありえないのだろうか。罪についての懸念が消え去り、閉じこもりから解放され、ごく普通に人々と関わり合いになれるような生が、その信仰のすえに可能になることはないのだろうか。

言い換えれば、彼はここで、異常な宗教教育を施され、子どものころから直接性なしに反省的に生きざるをえなかった自分が、大人になった今、直接性を取り戻すことはできないものかと問うのである。

誰しも幼少期には、神や永遠、罪や罰といった概念をめぐる懸念とは無縁に、さまざまな物事がもたらす喜びを、そのまま享受して生きる。直接性というあり方である。だが彼は、父ミカエルによりその懸念を幼少期にすでに植え付けられた。さまざまな物事と、それらの概念を経由してかかわらなくてはならなくなった。子どもにしてすでに反省的であった。彼は、このような例外的な自分の場合には、大人になったあとで、直接性に回帰するということが、ひょっとしたら可能なのではないかと問うのである。

彼はその信仰の境地を「反省のあとの直接性」(Umiddelbarhed efter Reflexion)と概念化している。神にとってはすべてが可能という聖書の言葉(「マタイによる福音書」19:26参照)を、彼はここで、自分の願望を後押しするものとして解釈しようとする。

†弁証法的な信仰

キェルケゴールは四月中旬からひと月あまり上記の思考を展開したあと、五月下旬、「信仰の弁証法的な規定」(den dialektiske Bestemmelse af Troen)について自分はしっかりと考えるべきだ、と言う。この内面的ドラマにおいて、またこれからの彼の生において、弁証法的な信仰という考え方は、きわめて重要なものになる。キェルケゴールは次のように言っている。

神が人間の願望を実現してくれると信じることは、直接的な信仰である。たとえば新約聖書「マタイによる福音書」の、自らの出血の快癒を願ってキリストに触れた女性（「マタイによる福音書」9:18-22参照）はその一例だ。対して弁証法的な信仰とは、自分の願望の実現について、可のみならず否もふくめるという意味で、弁証法的に向き合う仕方での、神への信仰である。言い換えればそれは、「私は神が私の願いを聞き入れてくださることを信じます」ということではなく、「私は何であれ神が私に望んでいらっしゃることを受け入れます」という信仰なのである。そしてその背後には、神が善であり愛であることへの信頼がある。たとえ神の意志が私の願望どおりでないとしても、結局神は最善をもたらしてくださるにちがいないという信頼である。

キェルケゴールは結局、反省のあとの直接性という信仰は、自分には不可能であることを認識する。神にとってはすべてが可能という聖書の言葉を、自分の願望の実現に引き寄せて解釈するのは、牽強付会というものである。

キェルケゴールは青年時代以来、こうした弁証法的な信仰を生きてきたはずであった。たとえば彼は青年時代、ギレライエで、およそ自分が世に出て何をなすにせよ、その前に、自分の根本的な規定を探し求めるべきだと考えた。そしてその際、神が私に何を望んでいるのか、と考えたのであった。また一八四三年五月に刊行した『二つの建徳的講話』では、神がデザインする未来のあり方が、私が願望するそれとは異なるとしても、神は結局万事を益としてくださるにちがいないという信仰を描き出してもいた。

キェルケゴールは一八四八年四月以来、著作家という任務か牧師という願望かをめぐる思索を進め、前者にあっては大きな苦悩が予期されるがゆえに、後者の可能性ばかりを見つめてきたと言える。反省のあとの直接性が自分に可能なのではないか、と。そしてそうするあまりいつしか、こうした彼本来の信仰の理解、信仰の弁証法的な規定を、見失いかけてしまっていたのである（あるいは、信仰とは弁証法的なものであることを重々承知のうえで、あえて反省のあとの直接性の可能性を一度真剣に問うてみた、という解釈もできる）。いずれにせよ反省のあとの直接性の不可能性を認識した彼は、ここにきて改めて、信仰の弁証法的な規定という考えに立ち戻る。神が自分に向けている意志を探し求め、それを生きるべきである。思索は結末に近づく。

4　自己への無限の関心

†神の意志を探し求めつづける

信仰が弁証法的なものであるのなら、人間は自分の願望を断念し、神が自分に望んでいることに耳を澄ますことが求められる。すると当然問題は、いったいどのように、そしてどれくらいの確実さで、人間は神の意志を知ることができるのか、ということになる。キエルケゴールは半月ほどこのことについての思索に沈む。そして六月中旬、その成果を手にして顔を上げる。

彼はまず、神の意志を直接身に受けうる人間がいることを認める。使徒と呼ばれる存在である。使徒にとって、神との直接的な関係を有するとはどのようなことか、使徒ではないキェルケゴールにはもちろんわからない。だがわからないにせよ、そのような存在がいること、そのような関係があることを、少なくとも信じることはできるだろう。

では使徒ではない人間、キェルケゴールのような人間にとって、神との関係は、それが直接的ではありえないとして、いったいどのようなものだろう。彼は次のように考える。

神、そしてキリストに対する普通の人間の関係について、私はそれをソクラテス的に理解する。ソクラテスは、不死なるものがあるのか否か、確かには知らなかった。(ああ、悪党よ。というのも、事実として、ソクラテスは、不死性というのは精神の規定であり、そうであるかぎりそれは弁証法的、つまり直接的な確実性の対岸にあるということを知っていたからである。彼は、自分が不死かどうかについては知らなかったにせよ——そのことを多くの無思慮な人々は知っているらしい——それでも自分が何を言っているのかについては明確に知っていたのである。）しかし、彼の生が、不死性があるのだということを、そして彼が不死であるということを、表現しているのである。彼は言う、不死性は、私がすべてをこの「もし」の上に置くほどに、私を無限に占有している、と。

キリストへの関係とはそのようなものである。人間は、自分にとってキリストがすべてであるかどうか、そして「私はここにすべてを置く」と言うかどうか、自分自身を試す。だが、キリストへの関係についての直接的な確実性、それを私は手にすることはできない。私が信仰を有しているか否か、それについて私は直接的な確実性を手にすることはできないのだ——というのは、信じるとは、まさにこうした弁証法的な宙吊り、たえまないおそれとおののきのうちにありながらそれでも決して絶望をしない弁証法的な宙吊りだからである。信仰とは、まさに、この自己への無限の関心、すべてを賭けるよう人を目覚めさせておく自己への無限の関心なのであって、自分が本当に信仰を有しているかどうかについてのこの自己への無限の関心なのである——そして、見よ、この自己への関心こそが信仰なのである。（SKS20, 381-382/NB5:30／『キェルケゴールの日記——哲学と信仰のあいだ』一四四〜一四五頁）

キェルケゴールは例外者ではあっても使徒ではない。神との直接的な関係は持たず、神の声を直接耳にすることはない。そうした人間にとって神の意志はどこまでも不確実なものにとどまる。自身にとって信仰とはどこまでも弁証法的であることを認識したキェルケゴールは、どれくらい自分は確実に神の意志を知ることができるのか問い、手にした答えはこれであった。

一見するとこの答えは絶望的なもののように思える。だが彼は言う、信仰者はそれで絶望することはないのだ、と。むしろ信仰者はそこで、おそれおののきながら、神の意志を必死で手探りするのである。そして自己への無限の関心をもって生きる。この私の所与の生、実存、それを手がかりにして、それに無限の関心を払い、そこに姿を現しているはずの神の意志を探し求めつづけるのである。確証はないのだとしても。そして結局のところこのように、人間が自己への無限の関心を持って生きようとするところにこそ、信仰は体現されるのだ。

†アーメンという言葉

四月中旬以来の、著作家か牧師かをめぐる思索は彼に、信仰とは弁証法的なものであること、そして弁証法的な信仰は自己への無限の関心として形をとるべきことを教えた。六月中旬のことであった。

先にも触れたように、このような信仰を持って生きようとすることは、たとえ自分に、世界に何が生じようとも、神は必ず善をそこから引き出してくださるお方だという、神への絶対的な信頼を持つことと表裏一体である。そしてその信頼に身をゆだねる人間の口からは、「アーメン」という言葉が自然にあふれ出る。祈りに際して神の意志の実現を心の底から願う、「そうなりますように」という言葉である。

キェルケゴールは、六月下旬のものと思われる日記に、この「アーメン」を表現する。

私は、これ以外に一語たりとも口にする必要性を感じない――アーメン。というのも、摂理が私のために取り計らってくれたことに対する感謝の念に、私は圧倒されているからである。(SKS20, 398/NB5:62/『キェルケゴールの日記――哲学と信仰のあいだ』一六三頁)

ここに、またこれに続くしばらくの日記に、一八四七年から一年あまりにわたって続いてきた、彼の逡巡の結末を読み取ることができる。

信仰を弁証法的なものと考えるキェルケゴールは、自分に向けられているはずの神の意志の所在を求めて、自己に無限の関心を払った。そしてほかでもなくこの所与の自分のあり方に、それは現れているにちがいないと知ったのである。そしてそのすべてをそのまま引き受けるべきことを。

キェルケゴールの所与の自分のあり方とはいかなるものだったか。懺悔者であった。キリスト教界にキリスト教を再導入するという任務を帯びた、神に仕えるスパイであった。憂愁と閉じこもりに悩まされ、結婚生活の夢は破れた。孤独に著作家活動を進め、コルサー事件によってますます孤立を深めてきた。そして今や、キリスト者の理想像を提示する『死に至る病』と『キリスト教の修練』が手元にある。それらは彼を、デンマーク国教会が支柱をなす体制派キリスト教との衝突へと連れ出すことになるかもしれない。

もちろんこうした生き方は、彼の願望である牧師としての穏やかな生とは対極にあり、彼個人としてはできればやりたくないことだった。だが今や彼は、こうした所与の自分のあり方に神の意志を見、神への信頼のもと、その自分を肯定して生きるべきこと、それこそが自分なりの信仰の体現であることを知ったのである。

キェルケゴールはかくして、『死に至る病』と『キリスト教の修練』を中心とする、新しい著作家活動に乗り出していくことになる。キリスト者の理想像をキリスト教界の人々に突きつけ、人々をキリストとの同時性という場に連れ出そうとする。

繰り返す。キェルケゴールにとってのこの先の著作家活動は、神に仕えるスパイとしての生は、自分の願望を断念し、神への全幅の信頼のもと、神の意志を体現しようと生きつづける、一人の信仰者の生なのである。

コラム

サヴォナローラ批判

キェルケゴールはこの数カ月後の一八四八年秋の日記で、イタリアの宗教改革者サヴォナローラ（一四五二～一四九八）の信仰観と向き合い、批判的な考察を繰り広げている。そこでは、自己への無限の関心というキェルケゴールの信仰観の要点の一つが、サヴォナローラの信仰観との対比をつうじて、鮮やかに浮かび上がっている。

サヴォナローラは自分自身について、神の手にあるハンマーのようだと言った。あなたが望まれるかぎり、それを用いてください。そしてもう用いられないのでしたら、どうぞ投げ捨ててください、と。この言葉は本当に、神に対する冒瀆である。誰であれ人間は、神とそのような関係に入ることはできない。その言葉はなまめかしすぎさえするし、それに実際、神に変化を帰してしまっている。それはまるで、ある少女が、自分のことを裏切った男について、こんなふうに言うようなものだ。「彼がほんの少しのあいだでも私のことを愛してくださったことで、私は嬉しいのです。彼は私を捨て去りました。ですが私はそれでも彼を愛していますし、そのわずかの時間について、感謝しているのです」

神が変化されるとか、神が人間に飽き飽きされるとか、そのようなことはありえないのだ。その言葉のなかの、感情的な反転——もう用いられないのでしたら——に、誤りはある。というのも、神との関係において、課題はいつも信仰の課題だからだ。神が、それゆえに、そしてそれにもかかわらず、人間のことを同じように多く愛してくださること、そのことを信じることが課題なのだ。だからサヴォナローラはこう言わなくてはならなかった。あなたが私のことを用いられようと、用いられまいと、それはどちらでもいいのです。ただ、あなたが愛であるという信仰を、私がしっかり持ちつづけられるように、私のことをお助けください、と。だからサヴォナローラは、神は彼のことを用いるから彼を愛するのではなく、神は愛だから彼を愛するのだということを、信じていないのだ。

（…）根本的に、サヴォナローラのあの言葉には、絶望的なところがある。神がもう人間のことを用いられないのだとすると、神は同じではないし、人間に対する愛そのものではないということになってしまう。もちろん人間とはそういうものだろう。だが神についてそのように考えてしまうのは、恐ろしいことだ。（SKS21, 95/NB7:38）

第7章　汝自身を知れ

キェルケゴールはしばしの逡巡を経て、決意を固めた。キリスト教界にキリスト教を再導入する任務に携わりつづけようと。神に仕えるスパイとして生きつづけようと。その先に待ち受けているはずの苦悩を覚悟のうえで、彼は準備していた『死に至る病』と『キリスト教の修練』の刊行へ向けて、事を進めていく。それこそが信仰者としての自分の生なのだという確信のもとに。

その新しい著作家活動は、一八四九年七月三〇日の『死に至る病』の刊行をもって始まる。キェルケゴールは、そのもう一本の柱『キリスト教の修練』を一八五〇年九月二五日に刊行し、さらにはそれらに随伴させていくつかの講話などを刊行していく。著作家活動はその後、一八五一年九月一二日の『自己吟味のために同時代に薦める』（以下『自己吟味のために』）の刊行まで続く。それによって彼は、著作家活動全体に終止符を打つことになる。

本章では、こうした『死に至る病』以降の著作家活動に焦点を合わせ、神に仕えるスパイの手による新たな工作活動を概観する。その全体のデザインを確認したうえで、個々の著作の内容を把握し、これらの理解を重ね合わせることで、キェルケゴールが今度はどのように、キリスト教界にキリスト教を再導入すべく〈実存哲学〉を作動させようとしているのか、その内実に迫りたい。

1 新しい著作家活動へ

†これまでの著作家活動の清算

キェルケゴールの逡巡が結末にたどり着いたのは、一八四八年初夏のことだった。だが、彼はそのあとただちに『死に至る病』と『キリスト教の修練』を完成させて出版し、新しい著作家活動に突入していくわけではない。体制派キリスト教との衝突の可能性をはらんだ危険な試みを前に、とても慎重である。彼はまず、これまでの著作家活動を清算するべくいくつかの行動をとる。そしてその後、手はずを整えながら新しい著作家活動に実際に乗り出していくのである。まずこのあたりの過程を見てみよう。

キェルケゴールは、一八四八年七月二四日から二七日にかけて、日刊新聞『祖国』に、美的著作「危機と、ある女優の生涯における一つの危機」を四回に分けて、インテル・エト・インテルという仮名で連載する。これは当時コペンハーゲンの王立劇場で演じられていたシェイクスピアの『ロメオとジュリエット』についての評論であり、とくにそのなかでジュリエット役を、一六歳のとき以来一九年ぶりに、三五歳にして再演したある女優をめぐる考察である。

キェルケゴールはこのころすでに、新しい著作家活動に踏み出す決意を固め、『死に至る病』と『キリスト教の修練』の準備を進めているのだが、まだこれまでの著作家活動を公式に終わらせてはいない。むしろそのただなか、宗教的著作の刊行に重点を置く第三期にある。彼はこの時期にあって、あえてこうした美的著作を刊行したのである。それは、これまでの著作家活動全体を貫く美的著作と宗教的著作の並走性という構造を最後まで確保するためであり、またそうすることによってこれまでの著作家活動を完結させようと、自覚的に考えてのことであった。

キェルケゴールはまた、これまでの著作家活動について人々に理解してもらうための行動にも出る。キェルケゴールは、美的著作と宗教的著作を両輪とする著作家活動のデザインについて、ほとんど誰にも理解してもらえていないことをかなり明確に自覚していた。彼は、それについて人々に一定の理解を持ってもらうことを望み、たとえば知己であったコペンハーゲン大学で哲学を教えるラスムス・ニールセン（一八〇九～一八八四）をその説明の伝道者に仕立て上げようと画策する。

だがそれもうまくゆかないことがわかると、彼はこれまでの著作家活動の全体像を概説する書『私の著作家活動への視点』の執筆を思いつく。一八四八年夏から書き始め、同年一〇月上旬に書き上げる。結局この書は、生前の出版は差し控えられることにはなった（かわりにその簡易版である『私の著作家活動について』が後日出版されることになる）。というのも『視点』には、彼自身を著作家とさせている根源的要因である懺悔者としての彼のあり方に触れておきながら、その真相（彼のかかわった罪とは何かなど）についてははっきりと描き出していないなどの不十分さがあったからである。また、著作家活動の主体は神であるのに彼自身がそれを説明してしまっているという傲慢さも、出版差し控えの一因である。

とはいえ、この時期にこうした書を執筆したところに、これまでの著作家活動にピリオドを打とうとする彼の意識が反映されていたことは、間違いない。

†『完結の全集』をめぐって

キェルケゴールは一八四八年夏以降、このように、これまでの著作家活動の幕引きの作業を進めつつ、来るべき著作家活動のための準備を整えていく。この時期に彼は、新しい著作家活動にかんしてその全体像を説明しておくべきかについても考え、その説明となる文書「武装中立」を書き、そしてそれを（どのように）出版すべきか検討する（その内容は後述する）。結局彼はそれも出版することはなかった。

一八四八年夏以降、新しい著作家活動に乗り出すという彼の決意に揺らぎがなかったわけではない。たとえば同年一二月上旬に、彼は『完結の全集』というアイデアを得、それをめぐってあれこれ検討を加えている。それは『死に至る病』『キリスト教の修練』や「武装中立」などをひとまとめにした、文字どおりそれ一冊に新たな〈実存哲学〉を詰め込んだ、完結の書である。彼は『完結の全集』を出版し、それを最後に著作家活動からは金輪際手を引き、やはり牧師として生きていくのはどうかと検討しているのである。

だがもちろん、自身の信仰のあり方の再考にまで及ぶ逡巡の末に一定の確信を得たキェルケゴールは、最後にはこうしたアイデアを退ける。それは絶望的な考えであり、悪魔的な考えであったとまで言い放っている。

かくしてキェルケゴールは、一八四九年六月二九日、『死に至る病』の原稿を印刷所に送る。ここに彼は新しい著作家活動の歩を進めるのである。神に仕えるスパイとして、キリスト教界にキリスト教を再導入する任務の遂行、その第二幕である。

2 新しい著作家活動のデザイン

†「武装中立」という手引き書

一八四九年七月三〇日刊行の『死に至る病』から一八五一年九月一二日刊行の『自己吟味のために』までつづく新しい著作家活動でも、キェルケゴールはもちろん神に仕えるスパイとして、キリスト教界にキリスト教を再導入するという任務を果たそうとする。だが先述のように、そこで〈実存哲学〉を作動させる戦略は、以前のそれとは大きく変わることになる。個々の著作の内容を見る前に、一部繰り返しになるが、個々の著作がそのなかに位置づけられ、役割を与えられている全体の枠組み、新しい著作家活動のデザインを見ておこう。

著作家活動のデザインについては、『視点』で説明がされていた。『視点』は基本的に、

「危機」をもって締めくくられた著作家活動の理解のための手引書なので、『死に至る病』以降の著作家活動は射程に入っていない。彼はその新しい著作家活動を人々に理解してもらうために、「武装中立」という文書を作成した。新しい著作家活動のデザインと、そのなかでの彼自身の立ち位置について、大枠はこれにより理解できる。

また、『視点』の簡易版として、生前に出版された『私の著作家活動について』(一八五一年八月刊行)は、基本的に「危機」までの著作家活動の概説書ではあるものの、その終結後、『死に至る病』刊行の直前(一八四九年三月)に書かれたので、新しい著作家活動にかかわる記述も多少ではあるが含まれる。そこには、目下開始しようとしている新しい著作家活動の構造と、著作相互の連関がいくらか説明されている。

新しい著作家活動のデザインについては、おもにこれら二つの資料と、この時期の日記を手がかりにして、理解を得ることができる。以下がその概要である。

†罪深さを誠実に自認する

キェルケゴールは新しい著作家活動で、「キリスト者の理想像」(Det ideale Billede af en Christen)を提示する。そしてそれを糸口として、全体として「根本的に治療する思想」(Tanker, der helbrede i Grunden)を機能させようとする。

彼はそのために全体を三部構成に整えて著作を配置する。第一部は『死に至る病』。第二部は『キリスト教の修練』。第三部は『「大祭司」－「徴税人」－「罪ある女」――金曜日の聖餐式によせる三つの講話』（以下『大祭司』）、『金曜日の聖餐式によせる二つの講話』および『一つの建徳的講話』の講話群である。

彼は第一部の『死に至る病』で、人間に巣食う絶望、罪について考察する。それらは約言すれば、神の意志から目を逸らし、自分の意志を優先させようとする、人間の内的なあり方のことである。それは身体をむしばむ致死的な病気ではないが、精神をむしばみ永遠的なものをないがしろにするという意味で、「死に至る病」と呼ばれる。『死に至る病』はその病の可能な諸形態を網羅的に描き出し、ほとんどの人間が、大なり小なり、その病を患っていることを説く。『死に至る病』の目的は、大多数の読者に、治療を要する死に至る病を患っていることを自覚させることなのである。

第二部の『キリスト教の修練』では、そうした死に至る病を患う病人たちを自分のもとに招いているキリストの姿が描き出される。神でありながら人となり、卑賤の姿をまとって人々に必死に回心を呼びかけるキリストのリアルな姿と、そしてまた、すべてを捨ててその彼に倣う使徒的な信仰者の姿、キリスト者の理想像が示される。絶望、罪という死に至る病からの治療は、もちろん贖罪の恩恵と罪の赦しの信仰にある。だがそれらを人間が正しく手にするためには、そうしたキリスト者の理想像を直視し、それには及ぶべくもない、現実の自分自身の罪深さを、誠実に「自認」（Indrømmelse）することが、どうしても先立って必要なのである。

『死に至る病』で読者は、自分が絶望と罪という死に至る病に罹患していることを知る。そして『キリスト教の修練』を読み、理想に比して不完全な自分には、その治療のために贖罪の恩恵と罪の赦しがどうしても必要であることを自覚する。かくして第三部の講話群において、キェルケゴールは、信仰のもとに恩恵に与って日々を生きる、赦された人間たちの生の境地を、ようやく読者に示すのである。ここに絶望と罪という死に至る病の、根本的な治療は完結する。神に仕えるスパイはこのような手はずで〈実存哲学〉を作動させ、人々を神のもとへと連れ戻そうとするのである。

ところで、キェルケゴールの考えでは、こうした新しい著作家活動のデザイン全体のなかでは、第一部『死に至る病』と第二部『キリスト教の修練』、すなわちキリスト者の理想像を前景化させることにかかわる著作が、本質的に決定的なものである。つまり、根本的に治療する思想のなかの、治療（贖罪の恩恵と罪の赦しに与ること）のための準備を整える部分である。それは、彼の見解では、キリスト教界では恩恵ばかりが強調されすぎてしまっているからである。キリスト者になるとはむしろ、自己自身に対する戦いであり、この世からの迫害に対する戦いでもあるはずなのだ。そしてまた、キリスト教界では、キリスト者になるという事柄をめぐる、知的、形而上学的なアプローチばかりが幅をきかせ、それがどこまでも実存にかかわる問題であることも、見失われてしまっているからである。

†「アンチ・クリマクス」という仮名

キェルケゴールは新しい著作家活動においても、やはり仮名を活用する。先述のように、彼は自分自身の立場とは異なる視点からの叙述である場合、その作品に仮名著者を充てる。かつて美的著作に仮名著者があてがわれたのは、それらが、どれほどのキリスト者かという基準で、キェルケゴール自身よりも低い立場からの叙述だからだった。彼は『死に至る病』と『キリスト教の修練』にも仮名著者を充てる。それはやはり、それらがキェルケゴール自身とは異なる視点からの叙述であるからだ。とはいえその意味するところは以前とは異なる。どれほどのキリスト者かという同じ基準で、こんどは彼自身より高い立場からの叙述だからである。

キリスト教界の人々を前に医者のように振る舞い、彼らを死に至る病と診断し、その治療へ導こうとするのは、彼のような一信徒がなしうることではないだろう。両書の仮名著者は「アンチ・クリマクス」(Anti-Climacus)という名前を与えられる。それは高いところからはしごを下ってくる者というイメージである。

キェルケゴールはひきつづき、宗教的著作（講話群）は、やはり実名で刊行する。それは彼自身がそれを生きる、あるいは少なくとも生きようとする、精神としての生の諸相の描写である。

†そのほかの著作

以上が『死に至る病』にはじまる、新しい著作家活動のデザインである。これはかつてほどに、全体が体系的に整えられていたわけではない。その基本的なデザインからはみ出してしまう著作もいくつかある。一応そうした著作についても、ここで簡単に言及しておこう。

講話『野の百合と空の鳥』は『あれか、これか』の重版と同日（一八四九年五月一四日）に刊行された。これは新しい著作家活動の時期にあって、以前の著作家活動の一部として機能し、美的著作と宗教的著作の並走性を担保する役割を担っている。

『二つの倫理的‐宗教的小論』では、真理そのものであるキリストと、使徒および天才（使徒ではない者）の関係性が考察される。これはキリスト者の理想像の提示を中心とする新しい著作家活動にあっての、キェルケゴール自身の立ち位置についての考察であると考えられる。

そして長らく続けられてきた著作家活動は、その解説書であり『視点』の簡易版である『私の著作家活動について』、そして『金曜日の聖餐式によせる二つの講話』を経て、もともと教会での説教を念頭に書かれた建徳的な内容の『自己吟味のために』によって完結する。

『死に至る病』にはじまる新しい著作家活動の把握のために必須なのは、そのデザインの中心線をなす、根本的に治療する思想についての理解である。そこで以下では、根本的に治療する思想を構成する個々の著作の内容を概観することで、キェルケゴールが神に仕えるスパイとして、人々をそこに巻き込もうとしたその思想の、全体像を浮かび上がらせよう。根本的に治療する思想の第一部『死に至る病』、第二部『キリスト教の修練』と、第三部からは『大祭司』を取り上げ、それぞれの内容を概観する。

3　根本的に治療する思想

†『死に至る病』

アンチ・クリマクスは『死に至る病』で、人間が多くの場合無自覚的に、またときに自覚的にも有する、「絶望」(Fortvivlelse) あるいは「罪」(Synd) という病気をめぐって考察を展開する。それがほとんどの人間が罹患している普遍的な病であること、そしてまたきわめて深刻な、死に至る病であることを示そうとする。それは、人々にその病気の罹患に気づかせ、根本的な治療の必要性を自覚させ、そしてその治療に向けて進ませるためである。

『死に至る病』の副題は、「建徳と覚醒のための、キリスト教的、心理学的論述」となっている。「建徳」(Opbyggelse) とは、先にも確認した通り、罪の存在に、またその赦しの存在に人間の目を向けさせ、それを契機として人間の宗教心を高揚させ、内面性を作り直すような作用のことである。「建徳と覚醒のため」とはそのような意味であり、それがこの書の目標である。

「死に至る病」(Sygdommen til Døden) という概念は、新約聖書「ヨハネによる福音書」のいわゆる「ラザロの復活」(11:1-44) の話をベースにしている。イエスは、死の床に臥す友ラザロについて、彼の姉妹に向けて「この病は死には至らない」(11:4参照) と言う。もちろんそれは、彼が、ラザロの死後にラザロを蘇らせることを念頭に述べた言葉ではあった。だが、その真意はじつはそうした時間的な意味での生命のことではない、というのがクリマクスの解釈である。イエスは永遠的な意味での生命、つまり精神としての存在にかんして、ラザロの病は死に至らないと述べているのだ。だから同書の言う「死に至る病」とは、時間的な意味で死をもたらす致死的な病気のことではない。永遠的な意味での死病とも言いうるような、精神として存在する人間にあっての危機的な状態のことである。

副題のうち「キリスト教的、心理学的論述」という部分が示すように、本書では死に至る病をめぐって、キリスト教と心理学という二つの次元での考察が、重層的になされていく。第一編「死に至る病とは絶望のことである」は心理学的考察であり、この内容を引き継ぐ形で第二編「絶望は罪である」のキリスト教的考察がなされる。

†絶望と罪

第一編の冒頭でクリマクスは、人間とはそもそもどのような仕方で存在しているのか、とくにキリスト教信者でなくても首肯しうる形で描き出すことから、全体の考察を始める。人間は、自分とは異なる何かの手により、いわば他者の手により、永遠的なものと時間的なものにまたがる仕方で、存在を与えられている。その他者は、人間が永遠的なものと時間的なものに実際にどのようにかかわるかについては、人間に委ねている。この見地からすれば、人間とは、永遠的なものと時間的なものに自由にかかわっていく存在であり、その自由と主体性を強調して「自己」(Selv)と呼ばれる。

人間は自己として、自分に存在を与えている他者の意志を顧みることなく、何であれ誤った仕方で、永遠的なものと時間的なものにかかわってしまうことが多々ある。そうした状態にある人間は、本人がそのことに自覚的であろうと無自覚的であろうと、先述の意味で死に至る病に罹患しているのである。

第一編の本論では、この死に至る病をめぐって、キリスト教の教えという枠組みからはまだ離れ、ひとまず人間の心理状態のほうに目を向けて、その意味で心理学的な見地から考察が加えられる。死に至る病は、人間の心理においては、絶望という姿で現れる。そこで第一編の本論では、絶望についての分析が行われ、その諸形態が考察されることになる。

自分が自己として存在していることについての意識を自己意識という。自分は他者により、永遠的なものと時間的なものにまたがる仕方で存在を与えられ、そして永遠的なものと時間的なものに実際にどう関係するかを一任されている、そうした意識である。

自己意識が深まり、それでも永遠的なものと時間的なものに、他者を顧みることなく自分勝手な仕方でかかわってしまうならば、その絶望は以前より深刻度を増している。クリマクスは絶望の諸形態の叙述を、おもに自己意識の深まり、すなわち絶望の深まりに沿って進める。その最果てにある最高度の絶望は、悪魔的な絶望である。それは自己について、自己の後見人としての他者の存在について、きわめて明晰に意識しながらも、自己として存在を与えられていること自体に対して反抗的になり、自分を他者の失敗作として顕示したがるような状態である。

第二編でクリマクスは、死に至る病をめぐる考察の全体を、心理学的次元から、キリスト教的次元へと転換させる。それは要するに、永遠的なものと時間的なものにまたがる形で人間を自己として存在させている他者を、キリスト教の神として特定し、捉え直すということである。

そのことにより、自己はじつは、罪と救いのはざまを生きる存在であること、〈実存〉であることが明らかとなる。すると、それにもかかわらず、神の意志を顧みようとせずに、永遠的なものと時間的なものをめぐって自分勝手な仕方でかかわり、絶望しつづける自己は、じつは罪を犯しているのだという理解につながる。

死に至る病は、人間の心理においては絶望という姿で現れるのだが、キリスト教的な概念にあっては罪として表現されるのである。第二編はそこで、罪の諸形態を、やはり同じく自己意識の深まり、すなわち罪の深まりに沿って描き出し、その最極に、キリスト教を積極的に廃棄し、虚偽であると宣言する罪を見る。

クリマクスは『死に至る病』で、このように絶望と罪について考察する。だが彼は、決して学者として、学術活動の一環として、その考察を行うのではない。彼は読者に死に至る病の診断を下し、治療へ向けて進ませようとするのであって、学者ではなく医者なのである。クリマクスは、この書は臨床的なものであり、自分は病床に臨む医者として読者に語りかけるのだと言っている。

†自己としての人間

『死に至る病』の論述全体の基盤となっているのは、第一編冒頭でクリマクスが示す、人間＝自己についての理解である。彼はまず人間を自己として捉える。そしてその特定のあり方に死に至る病を見、それを心理学的視座から絶望、キリスト教的視座から罪と捉え直して、本論ではそれぞれの視座から諸形態などを考察していくわけである。そこで、『死に至る病』第一編冒頭で示される人間＝自己についての理解に、解像度をより高めて迫ってみることにしよう。

『死に至る病』は人間について、まず、身体に代表される時間的なものと、精神に代表される永遠的なものの、二項から成る「総合」（Synthese）であると見る。じつはこのような理解はすでに『不安の概念』でも示されていた。『死に至る病』に特徴的なのは、人間を静的で固定的な総合としてよりも、動的で可変的な「関係」（Forhold）として捉える理解である。すなわち、時間的なものと永遠的なものから成る人間が、自分自身のあり方に「関与する」（forholde）のである。人間は、身体を持ち、それが欲し求める時間的な物事に囲まれながら、それでも精神をあわせ持ち、永遠的なものからの働きかけを受けつづけてこの世を生きる。このなかで人間は、自分自身のあり方に関与し、何を優先し何を犠牲にするか、いつも態度を決しながら生きつづけるのである。

『死に至る病』は、このように人間を関係として捉えることで、その考察全体を特徴づける重要な概念もあわせて手に入れる。それが「自己」（Selv）である。すなわち、時間的なものと永遠的なものの関係を担うこの私、という視座である。この視座により、『死に至る病』は、時間的なものと永遠的なものの関係としての人間について客観的に分析する第三者の視点のみならず、実際にその関係を担う当事者の視点も手にするのである。前者は絶望と罪を診断する医者の視点、後者は診断を受ける患者の視点となり、『死に至る病』の考察は、この二つの視点を交差させながら進む。

ところで、このような人間＝自己についての理解は、他者（神）の存在の必然性にも結び付けられることになる。すなわち、時間的なものと永遠的なものの関係を一任されているのが人間＝自己であるからには、その関係を一任している何かが、他者（神）が存在するはずだ、という理屈である。

クリマクスの考えでは、その他者（神）は、人間を固定的な総合としてではなく、動的な関係として、自己として措定しているのであり、人間に関係の自由を与えている。いわば人間を手放しているのである。これは言い換えれば、人間＝自己はその他者（神）から、自分自身の関係のあり方について、責任を負わされているということでもある。

†思想史におけるインパクト

『死に至る病』と『キリスト教の修練』はともに、キェルケゴール自身より高次のキリスト者という位置づけの仮名著者アンチ・クリマクスがあてがわれているが、キェルケゴール自身の名前も刊行者としてクレジットされている。ここには、『哲学的断片』と『非学問的後書き』がそうであったように、キェルケゴールにとってのこれらの著作の持つ重要性が示唆されていると言える。

『死に至る病』はキェルケゴールの代表作と見なされている。彼自身もその内容には一定の自信を持っていたようであり、彼は『死に至る病』を（正確にはそれを一部として含む『完結の全集』を）指して——これを書いたとき、経済状態や住環境の悪化に思い悩み、長年の使用人が軍隊にとられるなど、実生活で苦労が多々あったのだが、それでも——これまで書いたもののなかで最善のものだ、と称している。

『死に至る病』は彼の死後、思想史において一定の影響力を有してきた。現代哲学においても、たとえば、新しい実在論で知られるマルクス・ガブリエルが、『なぜ世界は存在しないのか』の要所で言及している。『死に至る病』は、実存が哲学において問題となってくるときに、キェルケゴールの名とともに参照される傾向にある本の一つである。

†『キリスト教の修練』

『死に至る病』を真剣に読み、自分が関係として、自己として実存し、そして絶望、罪という死に至る病を患い、精神としての生における危機的な状況にあることを自覚した者は、もちろんその治療を求めるはずである。そこでキェルケゴールはその治療、すなわち贖罪の恩恵と罪の赦しを、それらを主題とする諸講話を、すぐに差し出すわけではない。ここが重要なのである。キェルケゴールはそうした死に至る病を患う病人たちに、その治療に与るために必要な条件を突きつけるのである。

絶望と罪に病む人間を救うのは、もちろんキリストである。救い主キリストはかつて人間の前にその姿を現し、人々を苦しみから救おうと、自分のもとへ来るよう招いた。だがそのときキリストは、神であるはずなのに、栄光に包まれた輝かしい姿ではなく、卑賤の姿をまとっていた。そして卑賤の姿のままに、突飛とも思えるさまざまな言動をとった。

人々を招くキリストは、彼のことを目の当たりにしたほとんどの人にとって、とてもじゃないが近寄りたいと思える存在ではなかったのである。だから多くの人が彼に躓き、彼の招きに応じて救いへの道を歩むことができなかった。

キェルケゴールは、それから長い時を経たわれわれであっても、救いに与るための難しさは、基本的にまったく変わっていないのだということを強調するのである。絶望と罪からの治療を求める人々は、キリストとの「同時性」(Samtidighed)の場に身を置かねばならない。キリストのリアルな姿を眼前にし、そこに生じる「躓き」(Forargelse)の可能性にきちんと向き合わねばならない。そして躓きの可能性を乗り越え、救い主キリストにわが身をすべて委ねるようになったとき、はじめて彼がもたらす贖罪の恩恵と罪の赦しに、空疎でない仕方で与ることができるようになる。そのときにこそ、贖罪と罪の赦しを主題とする諸講話が光り輝き、死に至る病の治療が現実のものとなりうるのである。

『キリスト教の修練』は独立した三つの部から成る。第一部は「疲れた者、重荷を負う者はみな来なさい。休ませてあげよう」(「マタイによる福音書」11:28参照)という聖書の一節に象徴される、キリストの招きを主題とする。第二部は「私に躓かない者は幸いである」(「マタイによる福音書」11:6参照)という一節に焦点を合わせ、「躓き」について論じる。第三部は「彼は高きところから、すべての人をみもとに引きよせたもう」(「ヨハネによる福音書」12:32参照）という一節を主題とし、とくに卑賤のキリストが躓きの対象であることを描く。

†信じるか躓くか

『キリスト教の修練』を構成する三部のうち、死に至る病の患者に治療のための条件を突きつける本書の中心的機能がもっとも明確に示されるのは、第二部である。ここでは第二部の内容を詳しく見てみよう（以下の叙述は『哲学的断片』からの援用も一部含んでいる）。

第二部では、聖書の一節「私に躓かない者は幸いである」をめぐって考察が繰り広げられる。仮名著者アンチ・クリマクスはここで人々に、キリストとの同時性の場に立つこと、そして躓きの可能性にきちんと直面することを求める。「私に躓かない者は幸いである」とは、躓きの可能性を乗り越えた先にこそ幸いが、贖罪の恩恵と罪の赦しのもとにある信仰者の生が見えてくるのだということである。キリスト者の理想像とは、この文脈で描き出される、キリストとの同時性に身を置き、キリストに倣って生きる者の姿である。

人間は罪ゆえに神から手放されたのであるが、それでも神は愛ゆえに人間を救おうとする。（クリマクス＝キェルケゴールから見て）およそ一八〇〇年前に、神は人となって人間たちの前に姿を現した。だが救いをもたらすはずのその人、神人キリストの姿をよく見てみよう。同時性の状況に自らを置いて、彼のことを見つめてみよう。

彼は既存のユダヤ教社会と衝突し、社会から敵対視され危険視される人だった。彼は人間の姿をしているのに、奇跡のわざを行い、神のように語る人だった。また逆に、彼は神であるはずなのに、卑賤の身を生き、人々から嘲《あざけ》られ、ついには十字架にかけられたのだった。キリスト教は人間を救うという。だが人間が救われるとは、このような、人となった神への信仰によってはじめて可能なことなのだ。これはつまり、人間はキリストとの同時性の状況にあっては、躓きの可能性に直面せざるをえないということである。

躓きとは、逆説（神人キリスト）に対する「知性」（Forstand）の「不幸な愛」（ulykkelige Kjærlighed）のことである。人間は知性によって物事を把握するが、神という存在にまつわる事柄、たとえば神が人となったという事態は、もちろん知性の領分ではない。そうした逆説的事態を前にして、無視するわけにもゆかず、かといって知性を放棄することもできないとき、人間のなかには憤慨が生じてくる。それが躓きである。

人間は、キリストとの同時性に身を置き、神人キリストのリアルな姿を目の当たりにすると、避けがたくこうした躓きの可能性に直面する。信じるか躓くかという緊張のなかから、知性を放棄して、躓きの可能性を乗り越えてゆかなければならないのである。この先に人間は、もはや知性の領分とは異なるところで、キリストを神と見、彼にすべてを委ねることができるようになる。これこそが信仰なのであり、信仰する人間は、キリストがもたらす贖罪の恩恵と罪の赦しを全面的に受け取り、絶望と罪から救われるのである。

キリスト者の理想像とは、キリストとの同時性にあって、既存の社会と対立し、人でありながら神のように振る舞い、神であるはずなのに卑賤のなかを生きるキリストを目の当たりにし、彼の呼びかけに応じ、すべてを捨てて従う人たち、使徒のような人たちのイメージである。躓くことなくキリストに倣う人たちのことである。そのような仕方で躓きの可能性を乗り越えることができる人はほとんどいないし、だからこそそれは理想像なのである。

『キリスト教の修練』はキリスト者の理想像を描き出すのだが、じつは人々にそれを体現せよと要求しているわけではないのだ。同書がキリスト者の理想像を描き出すのは、人間はまず、その理想像に直面して、神の前でへりくだるべきだからである。神の前で、決して理想のようには生きられない自分の不完全さを誠実に「自認」(Indrømmelse)すべきだからである。そうするときにはじめて、不完全な人にも、つまりはすべての人に差し出されている贖罪の恩恵と罪の赦しを、それにふさわしい態度で受け取ることができるのである。要するに、ただ罪の自覚においてのみ、キリスト教への門は開かれているということだ。

キリストとの同時性の場に立てば、ほとんどの人間は及び腰になってしまう。普通の人間は、自分を偽って使徒のように振る舞うべきではない。そこでキリストに倣って生きる必要などない。そのような仕方で躓きの可能性を乗り越えることなどできないし、それが求められているわけでもないのである。

とはいえ誰も、キリストに躓いてはならない。だから普通の人間は、おのれの不完全さを誠実に自認し、神人キリストを信じ、その恩恵に身を委ねて、赦された現実の自分として生きればよいのである。

†体制派批判として

キェルケゴールは一八四八年の日記で、神人キリストという存在の二つの側面について述べている。すなわち、キリストは人間にとって模範であり、そしてそれとともに恩恵である。精神としての生の隘路を模範となって人間に示し、完全に倣うことができない弱き人間たちの罪を贖う。そして恩恵に与った人間にとって、それでもやはり模範でもある。キリストはこのような弁証法的な存在なのである。

詳細は次章で述べるが、キェルケゴールの理解では、キリスト教界にあっては、キリストの模範としての側面がすっぽり抜け落ちてしまって、恩恵の側面ばかりが強調されている。『死に至る病』以降のキェルケゴールの著作家活動、とくにキリスト者の理想像と自認を強調する『キリスト教の修練』は、こうした事態への是正なのである。

見方を変えれば、『キリスト教の修練』は、当時のキリスト教界を許容してしまっているデンマーク国教会の牧師たちへの、彼らを中心に形成される体制派キリスト教への、鋭い批判の芽を含み持っているのである。だから『キリスト教の修練』の出版は、キェルケゴールにとって、『死に至る病』以上に覚悟を要する一大事だった。一八四八年一二月には完成していたその原稿を、彼が印刷所に送付したのは、『死に至る病』の出版から遅れること約一年、一八五〇年八月二〇日のことだった。

†『「大祭司」―「徴税人」―「罪ある女」』

『死に至る病』を読み、自らが絶望、罪という死に至る病の患者であることを切に自覚する。『キリスト教の修練』を読み、模範への倣いという救いのための茨の道は、自分自身には歩み切ることが困難であることを誠実に自認する。ここに至った人間は、ようやく、そのような罪人のことを救おうとして神は愛ゆえに人となったこと、キリストが人間の罪を贖ったこと、だから人間の罪は赦されていることの意味を、心の底から実感することができる。贖罪の恩恵と罪の赦しに与る人間のあり方を描写する講話群が、ここにその所を得る。根本的に治療する思想は、この第三部に至ってようやく完結する。

キェルケゴールは、『死に至る病』と『キリスト教の修練』に並行させて、数冊の講話を実名で刊行している。『死に至る病』には『大祭司』が、『キリスト教の修練』には『一つの建徳的講話』と『金曜日の聖餐式によせる二つの講話』が随伴している。

ここではこれらのうち『大祭司』を取り上げよう。

『「大祭司」―「徴税人」―「罪ある女」――金曜日の聖餐式によせる三つの講話』は、タイトルからわかるように、三つの講話から構成されている。それぞれが聖書を題材に、贖罪の恩恵と罪の赦しの諸相を描き出す。これらが、ほうほうの体でこの書にたどりついた死に至る病の患者たちにとって、根本的な治療として作用するのである。

第一講話では、人間の苦悩と試練に真に同情することができ、さらにはその贖罪の死によって人間の罪と罰を引き受ける、大祭司としてのキリスト（「ヘブライ人への手紙」4:15参照）の姿が描かれる。

第二講話では、偽善者ファリサイ人とは対照的に、自らの罪を自覚して神の義に与る徴税人の生（「ルカによる福音書」18:13参照）が描かれる。

第三講話では、自分の罪をめぐって、それに絶望的にしがみつくことなく、自分を憎み、自分を無と認め、自分を忘却し、そのようにして罪の懺悔をした罪深い女（「ルカによる福音書」7:47参照）が題材となる。彼女こそが自分の罪を愛することなく、むしろキリストを多く愛したのであり、だからこそその罪は忘却されるのだということが述べられる。

†赦しを求めて神の前に立つ

三つの講話のうち、『死に至る病』と『キリスト教の修練』からの連続性がとくに見出しやすく、この時期の著作家活動のデザインを見通すのに好適な「徴税人」に題材をとる第二講話の内容を見てみよう。

第二講話が取り上げる聖書の一節は、「ルカによる福音書」一八章一三節である。「ところが、徴税人は遠くに立って、目を天に上げようともせず、胸を打ちながら言った。「神様、罪人のわたしを憐れんでください」」。

イエスの時代に勢力のあったユダヤ教の一派であるファリサイ派は、モーセの律法を厳守し、その実践を強調したのであって、キェルケゴールもこの人たちを形式主義、偽善の典型と見る。他方、徴税人はイエスの時代、ローマ帝国に納めるための税金をユダヤ人たちから取り立てていたので、ユダヤ人からは罪人と並べられるほどに蔑まれていたようだ。

ファリサイ派の人と徴税人があるとき、祈るためにいっしょに神殿にのぼった。ファリサイ派の人はそのとき、徴税人を十分に意識し、見下しながら、自分の義を声高に訴えた。

前掲の一節からわかるように、徴税人はそれとは対照的に振る舞った。そこでイエスはこう言う。「言っておくが、義とされて家に帰ったのは、この人であって、あのファリサイ派の人ではない。だれでも高ぶる者は低くされ、へりくだる者は高められる」(18:14)。偽善者ファリサイ人と対比しての、徴税人のこの誠実さが講話のテーマとなる。

徴税人は自らの罪を、それゆえ神と自分の無限の距離を十分に自覚し、神の前で単独者としてただ一人立っていた。そして目を天に向けることもできないほどに自分の惨めさを自覚していた。そうであるからこそ「神様、罪人のわたしを憐れんでください」という叫びが自然と生み出されたのだ。そしてイエスの言葉から知られるとおり、このように自分の罪を誠実に自認し、神の前に立つことこそが、神が義と認めるための条件なのである。懺悔するとは、この徴税人と同じようなことをすることなのである。

キェルケゴールが神に仕えるスパイとして、さまざまな著作を巧みに用いて人々を導こうとしたのは、このような恩恵のもとにある生である。徴税人が罪の意識にさいなまれて、神の前にただ一人で立ち、胸を打ちながらその赦しを求めたように、それぞれの人間は、自分の罪を誠実に自認して、その赦しを求めて神の前に立つべきである。そのときはじめて、キリストが一人一人の人間に向けている愛を実感することができる。そのとき人間は、赦された者として、不完全な現実の自分のままに、ただし神の恩恵を存分に受けながら、生きつづけることができるようになる。

理想に比して現実の自分の不完全さを誠実に自認することは、救いようのない絶望に人を導くのではない。むしろそうすることによってのみ、救いへの希望がもたらされるのである。

絶望、罪という死に至る病の患者は、このようにして根本的に治療される。

4 著作家活動の終結

†新しい著作家活動と実生活

『死に至る病』にはじまる新しい著作家活動で、キェルケゴールはこのような根本的に治療する思想を提示し、そこに人々を巻き込もうとする。

ここで一つ思い起こしたいのだが、キェルケゴールは哲学者や神学者などではなく、神に仕えるスパイであった。懺悔者意識により神に手綱を握られ、自分自身の信仰を賭けて、実存の全体をもって、キリスト教界にキリスト教を再導入するという任務にあたろうとするのだった。

彼は以前の著作家活動では、美的著作と宗教的著作の両輪によって〈実存哲学〉を作動させるべく著作の出版を進めながら、自らの実生活も、〈実存哲学〉をうまく作動させるための補助として差し出した。美的著作に重点が置かれた時期には美的実存者、宗教的著作に重点が置かれた時期には宗教的実存者としての人格を、コペンハーゲンの人々の前で演じたのだった。

それでは、『死に至る病』などの著作によって根本的に治療する思想を提示し、絶望と罪という死に至る病の診断と治療をつうじて、〈実存哲学〉を作動させようとするこの時期にあっては、彼自身の実生活はいかなるあり方を見せたのだろうか。

†『二つの倫理的‐宗教的小論』

キェルケゴールは、根本的に治療する思想の提示がより効果的になされるために、自分自身がとるべき行為は何か、見定めようとする。そこで彼は、そもそも自分自身がその思想との関係でどのような立ち位置にあるのか、明確にしようとするのである。アンチ・クリマクスという仮名の使用が明示するように、もちろん彼は、死に至る病の診断と治療を施す医者のような者ではありえない。だがそうではないとして、彼自身はそこで提示される思想との関係で、どのような位置にいるのだろう。たとえばキリスト者の理想像に近いところにいるのなら、使徒のように生きようとして社会から迫害される姿をあえて人目にさらすことが、根本的に治療する思想の提示を手助けするかもしれない。いずれにせよ、自分自身の立ち位置が明らかになれば、とるべき行為がおのずと見えてくるのではないか。

キェルケゴールは、根本的に治療する思想に対する彼自身の関係というこの問題を、キリストに対する使徒および普通の人間（天才）の関係という、より一般的な問題の形に移し替えて、『死に至る病』などの刊行に先立って、相応の労力を要して考察している。その成果の一部が、「人間は真理のために殺されることを許容されるか？」「天才と使徒の相違について」という二つの論考であり、これらは『二つの倫理的－宗教的小論』として一八四九年五月一九日に出版されている。

キリストは真理そのものである。そしてその啓示を身に受け、真理との直接の関係を持つ者は、使徒（真理の証人）と呼ばれる。他方、そうではない者は使徒ではなく、その意味で普通の人間である。普通の人間にとって真理のありかは定かではないので、真理を絶対的に所有していると主張することなどできない。ましてや真理（とされるもの）のために身を投げて死ぬことで、他者に罪を負わせるようなことは、許されることではない。

使徒が使徒であるのは「権能」（Myndighed）による。権能とは、神により授けられるという意味で超越的な、特別の質のことである。それを持つ人の言葉や行為の内容は、それが美的観点からどれほど素晴らしかろうとそうでなかろうと、そうしたこととはまったく無関係に、妥当なものとなる。天才は権能を持たない。天才の天才性は神により授けられる超越的な質ではなく、人間たちのあいだで育まれるものである。

†宗教的詩人

『二つの倫理的‐宗教的小論』での考察はキェルケゴールに、根本的に治療する思想との関係で、当然ながら、自分は権能を持たず、使徒ではないことを教える。むしろ、自分は(このあたりには彼一流の傲慢さが感じられるのだが)使徒ではなく天才であること、別様に表現すれば「宗教的詩人」(den religieuse Digter)であることを教える。神に仕えるスパイとして神に手綱を握られて、キリスト者の理想像を人々に突きつけようとする彼は、理想を実践するのではなく、それを美しく歌い上げるのである。これが根本的に治療する思想との関係での、彼自身の立ち位置である。

では宗教的詩人は、根本的に治療する思想の提示をより効果的にし、〈実存哲学〉をよりうまく作動させるために、どのような行為をとるべきだろうか。もちろんキリスト者の理想像のように振る舞うことはない。それはいいとして、とるべき行為は何かあるのだろうか。

彼の考えでは、キリスト者の理想像を人々に突きつけながら、自分は宗教的詩人にとどまることを人々に向けて説明してしまうようなことをすれば、人々は事の全体を、「興味深いもの」(det Interessante) という非実践的で観照的な美的カテゴリーで捉え、誤認してしまう恐れがある。そうでなくとも、自分の立場について何らかの説明を加えようとすれば、理想像を高く掲げる日々にあっては、扇動者だと誤解されてしまうかもしれない。だから宗教的詩人は、『死に至る病』や『キリスト教の修練』などを世に送り出す日々にあって、人々に自分が宗教的詩人であることを告げ知らせることもせず、ごく普通に、日常生活を営むしかない。

キェルケゴールは『死に至る病』以降の著作家活動の時期、あえて平穏に、日々を生きるのである。

†著作家活動の反響

『死に至る病』以降の著作家活動は、キリスト者の理想像を高く掲げるのであり、デンマーク国教会が支柱をなす体制派キリスト教への批判の面も持ち合わせていた。ただキェルケゴールは、後にも先にも体制派キリスト教の瓦解を望んでおらず、むしろその是正を求めていた。とはいえもちろん批判される側はそれをさまざまな仕方で受け取る。

ときの国教会の最高権力者であったミュンスターは、『キリスト教の修練』の叙述の一部——キリスト教とは修練であり、客観的考察の対象ではない——を、自分に向けられた批判として捉えた。そしてその本のことを「聖なるものとの不敬なたわむれ」と酷評し、立腹してキェルケゴールの著作を見限ってしまった。

また、このときまでに国教会のなかで自らの地歩を着々と固め、ミュンスターの後継者と目されるほどになっていたマーテンセンも、『キリスト教の修練』を読んだ。そのなかにいくらかの真理が蔵されていることは認めながらも、全体的には詭弁、言葉遊びであり、建設的な意図のない悪魔的な批判であると、同書を切り捨てた。グルントヴィ主義者で、このとき国教会の牧師となっていた兄ペーターも、弟がこの本によって行き過ぎたと感じていたようである。

キェルケゴールは一八五五年、初版の内容の一部を書き換えたうえで、『キリスト教の修練』の重版に踏み切っている。『キリスト教の修練』は、初版の発行部数、おそらく数百部程度は、このころまでに巷に流通していたものと考えられる。だからもちろん、その本からリアルタイムで何らかのものを得た人もいたのではあろう。だがおおむね、少なくとも彼の耳に入ってくる範囲では、彼が意を決して新しく立ち上げた著作家活動は、このような拒絶的な反応にあったようだ。

キェルケゴールが提示する根本的に治療する思想は、人々から、あまりに現実離れしたものと捉えられた。たとえ彼自身は宗教的詩人として、耳目を集める言動は避けていたとはいえ、コペンハーゲンという世俗的な商人街――「コペンハーゲン」（デンマーク語で"København"）は、「商人の港」が原意である――にあって、彼はいつしか、浮世離れした厄介者扱いされるようになっていたのである。

†著作家活動の終結

懺悔者キェルケゴールは、神に仕えるスパイとして、キリスト教界にキリスト教を再導入するという任務を遂行してきた。『死に至る病』以降の著作家活動においては、根本的に治療する思想を提示することで、〈実存哲学〉を作動させることを目論んだ。それは体制派キリスト教との衝突の危険性を避けがたくはらむものだった。だが彼は、神は愛であるという信頼のもと、たとえどのような苦悩が自分にもたらされることになるとしても、自己への無限の関心が指し示すこの人生行路を生き抜き、信仰を体現しようと尽力した。

キェルケゴールは一八五一年八月に『私の著作家活動について』と『金曜日の聖餐式によせる二つの講話』を刊行し、九月に『自己吟味のために』を刊行する。そして公の場からしばらく姿を消す。彼は、キリスト教界にキリスト教を再導入する任務を、少なくとも著作家活動という形では、これですべてやり切ったと考えた。一八四三年二月の『あれか、これか』の刊行に端を発する著作家活動は、ここに幕を閉じる。『金曜日の聖餐式によせる二つの講話』には、おそらくかつての婚約者レギーネに向けて、次のような献辞が掲げられている（SKS12, 279／『金曜日の聖餐式における二つの講話』一八一頁）。

その名がいつか口にされる
匿名のあの人に
捧げよう
この小著とともに、著作家活動のすべてを
はじめからずっとそうであったように

コラム　一八五〇年のキェルケゴール――あるイギリス人の証言

一八五〇年ころのデンマークに、アンドリュー・ハミルトン（生没年不詳）というイギリス人が暮らしていた。彼についての詳細はよく知られていないが、デンマーク語に堪能で、デンマーク文学や文化によく通じ、当時のデンマークを紹介する本を執筆した。

そのなかに、われらがキェルケゴールにかんする記述がある。

デンマークについて説明するのであれば、省くわけにはいかない人が一人いる。とはいえどのような人として紹介すればよいのか、とても難しい人でもある。それはつまり、セーレン・キェルケゴールのことだ。とにかく彼の著作のほとんどは宗教的なものではあるので、神学者の一人と見ることはできるのかもしれない。彼は哲学的なキリスト教的著述家で、いつも人間の心というテーマをめぐって執拗に考えている。くどくどしく語っていると言ってもいいくらいだ。デンマーク人の著述家で、彼ほど真剣な人はいない。けれども彼ほどに、自分の書き方のせいで、人気作家になれないでいる人もいない。彼はこの世のものと思えないほどの美しさで書きもするのだが、これ見よがしに論理を振りかざす場合がほとんどなので、大衆はうんざりしてしまう。彼が人気作家でないとしても、もちろん私にはそれでまったくかまわないのだが、とにかく彼は意図してそのようなことをしているのである。

　私は彼の本のいくつかを読んで、この上ない喜びを感じたことがある。とはいえ喜びのままにそれらの本を読み通すことができたかと言えば、必ずしもそういうわけではなかった。彼の『愛のわざ』はおそらくもっとも人気の本だ。あるいは『あれか、これか』。これはとても非凡な本だ。私の滞在中に一冊の小品が出版されて、私に大きな喜びをもたらしてくれた。『死に至る病』という本がそれである。

キェルケゴールの生活習慣はとても風変わりなので、彼にまつわるあれこれに、尾ひれがくっついて回る。彼は人付き合いをせず、自宅で誰とも会わず、だから彼は人目につかないところに居住しているのだ、と。誰かが彼の家のなかに入ったことを、私は聞いたことがない。それでも彼は、人間本性についての偉大なる研究者でもある。人々のことについて、彼ほどに知っている者はいない。事実としては、彼は日中、街を歩き回っているのだし、しかもたいていは誰かと一緒にそうしているのである。彼が何かを書いたり読んだりするのは、日が暮れたあとである。散歩しているあいだ、彼はとてもおしゃべりで、そしてまた自分にとって役立ちそうなことは何であれ、同伴者から引き出そうとする。

私は彼と知り合いではない。私は彼のことをほとんど毎日、通りで見かけた。そして彼が一人のとき、彼に声をかけてみようかと何度も思った。でも一度もそうすることはなかった。彼の「語り」はとても美しいのだと聞いたことがある。もし私が彼の「語り」に——ここぞとばかりに意気込んでしまうようなことなく——与ることができていたら、おそらく私はそれがとても好きになっていたはずだ。(*EWK*, pp. 95–96)

第8章　牙を研ぐ

キェルケゴールは筆をおき、一八四三年以来の著作家活動を終結させた。

その後彼は、しばらくの沈黙期間を経て、一八五四年末からふたたび人々の前に姿を現す。ただし今度は宗教的詩人という装いを脱ぎ捨てて。著作家ではなく、むしろ活動家として。著作たちを背後から操って読者を誘導しようと裏工作するのではなく、人々の眼前に立って声を上げ、体制派キリスト教との全面的な対立に突き進んでいくことになる。「教会闘争」と呼びならわされている出来事である。もちろん彼はそのときも、変わることなく懺悔者であり、キリスト教界にキリスト教を再導入するという任務を果たそうとしているのである。とはいえそれに携わる彼自身のあり方はもはや、神の隠密、スパイとは呼べなくなる。

著作家活動を終えた一八五一年秋から、教会闘争が開始される一八五四年初冬までのおよそ三年間、彼の身にいったい何が起きたのだろう。表面的には、著作の公刊は差し控えられ、生活面での大きな出来事もなく、穏やかに日々を送っていたように見える。他方で状況からしてこの時期は、来るべき教会闘争への準備期間となっていたはずである。

本章ではおもに日記を手がかりに、この時期の彼の思索の一端、教会闘争へ向かう内面的プロセスを浮かび上がらせてみたい。

当然ながらこの時期の彼の思索は、デンマーク国教会が支柱となり形成されるデンマークにおける標準的なキリスト教のあり方、体制派キリスト教と、その主導者であるミュンスター、またとりわけマーテンセンについての批判が中心的主題となる。そこで以下ではまず、体制派キリスト教について、またマーテンセンに対するキェルケゴールの批判の要点について、確認しておきたい。そのうえで、教会闘争へ向かう彼の内面的プロセスを、日記を手がかりに概観しよう。

1　体制派キリスト教とマーテンセン

†国家教会から国民教会へ

一八四八年のフランス二月革命の余波はデンマークにも及び、一六六一年から続いてきたデンマークの絶対君主制は、一八四八年三月、自由主義者たちの手により平和裏に倒された。その後一八四九年六月、立憲君主制を定めるデンマーク王国憲法に、国王が署名した。

この自由主義的な憲法によって、それまでの国家教会（Statskirke）は国民教会（Folkekirke）へと制度変更された（本書では、区別を明示する必要のないかぎり、両者を指すものとして「国教会」の語を用いている）。国家教会においては、王が聖職者の任命権を持ち、教会は王の統《す》べる国家の一組織として、たとえば人口調査など、行政面などでさまざまな役割を担っていた。聖職者と教会は国家統治のための重要なツールであり、国家への奉仕者であったと言える。国民教会となっても教会は、依然、国家との連携を保持したのだが、政治的な役割を失ったことや、国民に信教の自由が保障されたことなどにより、国家において果たしうる役割は縮小した。ミュンスターとマーテンセンはこうした激動期にあって、デンマークの体制派キリスト教の舵取りを担っていたわけである。

†体制派批判

さて、そのデンマーク国教会のキリスト教は、福音主義ルター派であることから、当然のことながらルターに端を発するプロテスタンティズムを継承している。キェルケゴールの理解では、プロテスタンティズムは中世のキリスト教への是正である。

神人キリストの模範と恩恵という二つの側面のうち、中世のキリスト教は前者を強調した。そして信仰の本質を、心の奥底の状態といった、目には見えない内面性にではなく、模範に近づく行為といった、目に見ることのできる外面性に求めた。そこで、たとえば修道院という制度が重視されたのであり、逆に内面性の領域が見失われていた。これを受けてルターは、後者の側面を重視し、信仰の本質を内面性に求めた。ここに形をとるのが、「信仰のみ」「恩恵のみ」「聖書のみ」という福音主義の信仰理解である。

キェルケゴールは初期の著作家活動において、『おそれとおののき』や『哲学的断片への結びとしての非学問的後書き』などにみられるように、じつはこのプロテスタンティズムの原則に基本的に忠実に、信仰の本質を内面性に求める理解——逆説を受け入れるパトス（情熱）という信仰観など——を示すことが多かった。だが、おそらく、コルサー事件などにより大衆のずるがしこさ、不誠実さを認識したことを一つのきっかけに、後期の著作家活動にあっては内面性ばかりを強調することには慎重になった。

とはいえもちろん殉教的行為などの外面性のみに信仰を見ようとするわけでもなかった。神人キリストについて、まずはその模範としての側面にアクセントを置いて、倣いという行為を描き出すのだが、その狙いはあくまで、理想に比して現実の自分が不完全であることを、読者に誠実に自認させることにあった。この自認こそが贖罪の恩恵の必要性を自覚させるのであり、罪の赦しの信仰のための必須要件なのである。

つまり、キェルケゴールは後期の著作家活動において、信仰の本質はもちろん内面性に求められるべきだが、外面性を起点にしなくては、内面性の信仰を正しい仕方で得ることはできないのだということを示したのである。

後期の著作家活動とそれ以降の、キェルケゴールによる国教会や体制派キリスト教への批判は、プロテスタンティズムがはらみうる危険性としての、恩恵の、内面性の、過度な強調に向けられている。もちろん彼は、後期の著作家活動でもそうであったし、この先も変わることなく、牧師を含む誰もがキリストに倣い、使徒のように、キリスト者の理想像のように生きるべきだとは決して言わない。使徒ではない普通の人間は、恩恵のもとにとどまり、現実の不完全な自分を肯定して生きることが許されているのである。だが重要なのは、そうした肯定を手にするプロセスであり、理想像に直面し、それを契機に不完全さを自認することである。

キェルケゴールの目には、体制派キリスト教を支える国教会の牧師たちが、こうしたキリスト教の苦悩の側面をすっかり割愛してしまっているように映った。それでいて、自分たちの説く大衆受けするキリスト教が、非本来的なものであることを認めようとすらしない。なお悪いことに、それがより高次のものであるかのように見せかけ、そしてキリスト教を自分たちの生計の糧としてうまく活用している始末である。かくして彼の批判は高まっていくことになる。

†マーテンセンへの批判

このような体制派キリスト教全般への批判を背景にしながら、キェルケゴールはその主導者マーテンセン個人に対しては、また別種の異論も抱いている。

マーテンセンは、押し寄せる自由主義の波に飲み込まれ、今や消滅の危機にあるキリスト教国家の復興を念頭に、若き日のドイツ留学により薫陶を受けたヘーゲル哲学を基盤に、独自の思弁神学体系を構築した。ヘーゲル哲学では、個人のみならず歴史や文化においても通底する無限の生命としての絶対者、「精神」の存在を想定し、世界精神という神的な理性が自己を顕現していく過程を世界史と見る。かくしてそれは、世界を神と一体のものと見る汎神論的傾向を有していた。

これに対しマーテンセンは、歴史のなかに立ち現れる人格神への信仰に立ち戻る。そして、神は、個人ではなく個人を超えた教会という共同体のなかでこそ働くことを強調し、個人をその教会においてなされる神の啓示の契機と見なすのである。それゆえマーテンセンの体系においては、教会に属するための洗礼が決定的な意味を持つものとされ、救いを手にしようとする個々人の主体性の意義は相対的に弱められることになる。

キェルケゴールは、（自分とは対照的に）要領よくデンマークの体制派キリスト教で地歩を築き、その著作や講義によって若い神学者たちに多大な影響力を有するに至った、かつての個人教師マーテンセンに、多分に嫉妬の感情を持っている。だがマーテンセン個人に対する執拗な批判は、もちろんそれだけに起因するのではない。マーテンセンの思弁神学とその強調点が、キェルケゴールの考え方とあざやかな対照をなすところに起因するのである。繰り返すまでもないが、キェルケゴールの〈実存哲学〉は、教会や洗礼よりも、神人キリストという存在に各人がわがこととして主体的に向き合うことに、キリスト教の核心を見るのである。

2 空白期間——一八五二年から五四年のキェルケゴール

†この世との異質性、苦悩の生

以上を念頭に置きながら、一八五一年秋から一八五四年初冬のおよそ三年間のキェルケゴールの日記を拾い読み、教会闘争へ向かう内面的プロセスをたどってみよう。

一八五一年九月一二日刊行の『自己吟味のために同時代に薦める』を最後に著作家活動を締めくくったキェルケゴールであるが、その後も想像力の奔流は変わることなく続く。ときおり著作（講話）のアイデアをメモ書きしている。とはいえ彼は、実際に出版へ向けて事を進めるようなことはもうしない。著作家活動はやりきったのである。彼は、かつてのように、田舎に引きこもって牧師になるという選択肢を検討するわけでもない。懺悔者という自分のあり方や、自分に課された任務について、またその今後の取り組み方などをめぐって、思案を重ねていくのである。

キェルケゴールはこの時期、繰り返し、自らの生の根本条件を振り返る。懺悔者であること、神に仕えるスパイであること。自己への無限の関心という弁証法的な信仰を体現しようとしてきたこと。そして彼は、そのなかで、こうした自分の生は、この世との「異質性」(Ueensartethed) とならざるをえず、それは「苦悩」(Lidelse) として形をとることを強調する。たとえば彼は、一八五二年夏の日記で、こう言っている。

もしあの逡巡のときに、信仰とは自分の願望の成就を信じることだと誤信してしまっていたら、どうなっていただろう。自分は今頃、苦悩は数年間だけ続き、そのあとにはこの世的な喜びと満足がやってくるという、旧約聖書的な信仰を持つことになってしまっていたかもしれない。あるいはひょっとしたら今頃、国教会の牧師として輝かしい成功をおさめ、シェラン教区監督がまとうビロードの服を着ていたかもしれない (これはもちろんミュンスターへのあてつけである)。

だがありがたいことに、そうはならなかった。自分は、信仰とは弁証法的なものであり、神の意志を手探りしつづけるほかないと考え、そこで自己に、所与の自分のあり方に、無限の関心を払い、それが指示する新たな著作家活動へ突き進んだ。そしてそれは、体制派キリスト教への批判を避けがたくはらんでいた。このような自分には、牧師たちが享受しているような、この世との同質性の生は約束されるはずもない。むしろこれから先も、この世との異質性と苦悩の生が、継続していくことになるはずだ——。

今のキェルケゴールにとって、キリスト教とは、新約聖書の教えとは、最後まで続く苦悩であり、そうであってこそ、永遠性の意識でもある。その苦悩にこそ彼が生きるべき道があるのだし、そこにこそ信仰が体現される。

†体制派批判とキェルケゴールの任務

この世との異質性を生き、苦悩を背負い込む覚悟のキェルケゴール。もちろん彼は、すでに著作家活動において、キリスト者の理想像を人々の眼前に掲げ、体制派キリスト教に対する批判の種を蒔いていた。とはいえ、仮名の使用に象徴されるように、彼自身はといえば宗教的詩人として著作の背後に隠れ、彼自身の声で、その思想を直接人々に向けて訴えかけることはなかった。

だが、キリスト教界を食い物にして、その上にあぐらをかいて安住している大学教授たちや、牧師たちの存在が、彼にはどんどん気に入らなくなってくる。こうした輩に対しては、面と向かって、仮名ではなく実名によって、批判を向けるべきではないのか。それこそがキリスト教界にキリスト教を再導入するという任務を負う自分の、新しい仕事になるのではないだろうか。キェルケゴールによる体制派キリスト教への批判は、この時期徐々に先鋭化していく。

一八五三年一〇月一三日の日記で、彼はこう言っている。

キリスト教界のキリスト教は、キリスト教の緩和版であること。とはいえもちろん誰もがキリスト者の理想像のように生きることが求められているわけではないのだということ。こうしたことがきちんと理解されるように、真理を私たちの実存のなかにもたらすことこそが、自分の任務なのだと思えてくる瞬間がある――。

猫の首に鈴をつけるような、困難な任務である。その任務の遂行者はもはや、宗教的詩人でも、スパイでもなくなることだろう。

†ミュンスターの死

シェラン教区監督を長らく務めたミュンスターは、一八五四年一月三〇日に亡くなる。七八歳だった。葬儀は二月七日に聖母教会で行われ、遺体はコペンハーゲン市街地にあるアシステンス墓地に埋葬された。キェルケゴールは葬儀には出席しなかったようである。少し遅れてキェルケゴールは、ミュンスターの死をめぐってこう日記に綴っている。

ミュンスターのキリスト教、それは新約聖書のそれからほど遠かったし、ほど遠いことを告白することすらも彼はしなかった。この世を安寧に生き、この世の栄華を手に入れることが、どこまでも彼の目的になってしまっていた。せめてこうした不誠実さは認めてほしかった。彼にはそうしてくれる可能性があると見込んでいたから、自分は彼のことを表立って攻撃することを差し控えてきたというのに——。

マーテンセンはさておき、キェルケゴールはミュンスターに対してはずっと敬愛の念を抱きつづけてきた。そしてまた、ミュンスターの側も、どれだけ彼のことを冷たくあしらうことがあっても——ある時期牧師職に就くことを真剣に検討したキェルケゴールは、ミュンスターに助力を求めたのだが、ミュンスターは「自分で牧師神学校でも創立したらどうか」と皮肉ったという——やはりキェルケゴールへの愛情を保ちつづけていた。ミュンスターの家をたびたび訪ねてくるキェルケゴールについて、ミュンスターの妻は彼に、もうあのような面倒な人物は迎え入れないほうがいいのではないか、と言った。それに対してミュンスターは、彼はおそらく自分のことを本当に好きでいてくれる唯一の人だよ、と答えたという。

ミュンスターが生きているかぎり、キェルケゴールは彼のことを、そしてまた彼が代表する国教会と体制派キリスト教のことを、表立って攻撃することはなかった。彼は死んだ。いまやキェルケゴールは、その深い喪失感とともに、ようやくゆっくりと、活動家として歩み始めざるをえないことを悟る。

†マーテンセンの叙任と体制派批判

ミュンスターの死後、一八五四年二月五日、マーテンセンはミュンスターの追悼説教を行った。そのなかで彼は故人を「真理の証人」(Sandheds-Vidne)の一環としてたたえた。この内容は二月一三日の日刊新聞『祖国』に掲載され、キェルケゴールの逆鱗に触れた。キェルケゴールは一八五一年八月に刊行した『金曜日の聖餐式によせる二つの講話』の序文で、自らの立場を、権能のない詩人であり、真理の証人――模範としてのキリストに倣う、使徒のような者――ではないと、明記していたのである。つまり彼は、マーテンセンがミュンスターを真理の証人と称賛するところに、自らに暗になされた批判を嗅ぎ付けたのである。

いくらかの議論の末にマーテンセンがシェラン教区監督の座に任命されたのは同年四月一五日であり、六月五日に叙任式が行われた。ミュンスターの死後、かくしてマーテンセンがそのあとを正式に継ぐことになるに及んで、キェルケゴールの体制派批判は熱を帯びていく。おそらく彼はこの時期に、キリスト教界にキリスト教を再導入する任務の最終幕として、体制派に対し直接の批判を浴びせかける活動を展開する決意を固めたものと思われる。

日記には、体制派キリスト教への、そしてマーテンセンへの痛烈な(ときに子どもじみた)批判が頻繁に見られるようになる。曰く、キリスト教界のキリスト教はまるでゲームのようになっていて、それで皆遊んでいる。キリスト教の教師たちは利益を得るばかりか人々に崇拝されるまでになっていて忌々しい。キリスト教界の牧師たちも教授たちも、無限なものにかかわるふりをしながら、じつは有限なものにばかりかかわっていて、やっていることはビジネスと変わらないではないか——。こうした悪口は枚挙にいとまがない。

ところで、ミュンスターの死後、一八五四年四月、彼の長男の手によって、ミュンスターの自伝が出版された。そのなかでミュンスターは、マーテンセンへの愛情を包み隠さず表明しているのだが、キェルケゴールについては、彼の父と兄についても——先述のような愛情があったはずであるのだが——一言も触れられていなかった。キェルケゴールはミュンスターの長男から同書を一冊献呈され、目を通したものと思われる。

おそらくこのことを一つの契機とし、この時期以降の彼の日記には、ミュンスターへの攻撃も散見されるようになる。たとえば、シェラン教区の監督の座に就くべきだったのは、ミュンスターのようなずるがしこい政治家ではなく、立派な人格を持つ者だ、などと述べられている。

†厭世観

体制派キリスト教への直接の批判活動に乗り出す決意を固めるにつれて、キェルケゴールの日記には、人間が人間としてこの世の生を生きること、生きねばならないことそれ自体への、愚痴めいた内容が、つまり厭世観が書きつけられるようになる。

　彼はこの世との異質性を痛感し、苦悩の生を義務づけられ、その果てに体制派キリスト教との対決へ連れ出される。このような任務の生を生きざるを得ない者の立場から、世俗的な生に、とりわけ彼がとっくに断念したはずの結婚生活や家庭生活、子どもをつくることなどに、彼の口撃は向かう。人間がヒトとして種を繁殖させようとする動物的所業は、きわめて反キリスト教的である。結婚を控えることこそが神を喜ばせるのであり、結婚は性的なものの教唆によるのであり、それは人間のエゴにすぎない――。世俗的生への口撃は、この世は牢獄である、という極端にまで進む。

　この点は押さえておきたい。懺悔者意識を背景に、キリスト教界にキリスト教を再導入するという任務を果たそうと、長らく神に仕えるスパイとして生きてきたキェルケゴールが最終的に行きついたのは、このような境地だった。彼は社会から孤立し、この世の喜びとは完全に縁を切る。そんなふうにしか生きられない彼の姿は、とても物悲しくも哀れにも思える。彼は二十年近くの長きにわたって日記帳への記入を習慣としてきたのだが、彼にとって最後となった日記帳の、その最後の記述には、次のようにある。

「精神」とは何か？（そしてもちろんキリストは精神であり、彼の宗教は精神の宗教だ）精神とは、死んだ者のように生きること（死に切ること）だ。（SKS26, 436/NB36:37）

†仮名を脱ぎ去る

後期の著作家活動にあってキェルケゴールは、自らは権能のない詩人、宗教的詩人にすぎないという立場を固守した。『死に至る病』と『キリスト教の修練』はキリスト者の理想像を描き出すが、彼はといえば、仮名著者アンチ・クリマクスの背後に身を隠していた。

詩人とは何か。キェルケゴールによれば、詩人とは、その詩が生み出すカテゴリーとはまったく別のところで生きる、そのような人間である。

体制派キリスト教に対する批判活動を展開していく決意を固めたキェルケゴールのこれからの生、それを詩人の生と呼ぶことは難しくなる。もちろん彼が生み出すカテゴリー、キリスト者の理想像を、彼自身がこれから体現していくようになるという意味で、彼が詩人ではなくなるということではない。この点については後期の著作家活動から変化はなく、キェルケゴール自身も含め、理想に比して現実の自分が不完全であることを誠実に自認すべきことが説かれる。

彼自身が使徒に、真理の証人になるわけではない。だがキリスト者の理想像が失念され、誠実な自認の概念が見失われ、恩恵のみがむなしく独り歩きしているキリスト教界にあっては、何よりもまず、理想を理想として取り戻すことが必要である。そこで彼自身が人々の前に公然と立ち、理想を取り戻すために、軋轢を覚悟のうえで、体制派キリスト教のあり方を批判するキャンペーンを展開しようというのである。

つまり彼はこれから、遠いところから理想を描き出す詩人ではなく、もちろん理想を体現する使徒でもなく、理想を守るために体制派との戦いに身を捧げる者、活動家になる。活動家となった彼はもはや、スパイとも呼べなくなる。彼はもう、素性を隠して裏工作を行うわけではないからだ。彼はその最晩年において、神に仕えるスパイという基本的な規定からも、逸脱していくのである。

次章の内容を一部先取りすることになるが、キェルケゴールは一八五五年五月一六日、教会闘争の真っただなかにあって、『祖国』にある文章を寄せる。『キリスト教の修練』の新版が五月一六日に刊行されることになっており、それに合わせて短文「『キリスト教の修練』の新版に」を寄稿したのである。そのなかで彼は、新版ではアンチ・クリマクスという仮名を捨て、実名で刊行することを告げる。もともと同書を仮名で刊行したのは、彼自身が宗教的詩人という立ち位置にあることを示し、自分を含めた人々を、理想との対比によって不完全さの自認に至らせ、それにより正しく恩恵に与らせようとしたからであった。だがミュンスターはこうしたことについて理解を示すことなく死んでしまった。体制派キリスト教が見失っているキリスト者の理想像を提示するこの書は、人々を正しく恩恵へ導くためというより、今はまずそうした体制派への糾弾のためにこそ用いられるべきではないか。だから仮名はやめ、本書の目的は恩恵を正しく受け取る準備にあると明記していた序も取り下げる。

キェルケゴールは仮名を脱ぎ去った。詩人ではなくなる。もはや神に仕えるスパイでもない。かくして一八五四年末、彼は人々の前に、今度は活動家として、姿を現すことになる。

第9章　教会闘争

キェルケゴールは活動家となる。キリスト者の理想像を喪失してしまっているキリスト教界の病巣、デンマーク国教会を支柱とする体制派キリスト教に対して、直接の批判を浴びせかける。そのようにして、キリスト教界にキリスト教を再導入する任務を果たそうとする。

教会闘争の火ぶたが切って落とされるのは、一八五四年一二月一八日である。彼はこの日の『祖国』に、「ミュンスター監督は「真理の証人」であったか、「まぎれもない真理の証人」の一人であったか——これは真実か？」（以下「ミュンスター監督は「真理の証人」であったか」）を掲載する。それを皮切りに、『祖国』に矢継ぎ早に計約二〇の小論を寄稿し、自らの主張を人々の眼前に掲示していく。その後二つの小論の刊行を経て、攻撃の媒体を、より編集や出版の自由の利く、自作の小冊子『瞬間』へ移す。これを第一号（一八五五年五月二四日）から第九号（九月二四日）まで刊行する。

1　キェルケゴールの主張

†新約聖書のキリスト教

こうした経緯をたどる教会闘争について、まずキェルケゴールの側の主張を整理して見てみよう。教会闘争の第一段階にあたる『祖国』の小論、媒体の移行期に刊行された『これは言われねばならない、だから言わせてもらう』（以下『これは言われねばならない』）、教会闘争の第二段階にあたる『瞬間』、それぞれにおける主張を概観しよう。

キェルケゴールにとって「真理の証人」とは、端的に言えば使徒のようなキリスト者のことである。キリスト教の教えのために苦悩する者のことであり、より厳格な意味においては、この世の喜びからは隔絶され、精神としての苦悩の生を生きつづけ、貧しさと迫害のなかを生き、さらには十字架にかけられて死んでいく者のことである。キェルケゴールは、自分はそのような者からほど遠いこと、また権能を欠くことを認め、宗教的詩人の立場を固守したのだった。他方でマーテンセンは、亡きミュンスターを、追悼説教において、使徒の時代から連綿と続く真理の証人の一環としてたたえたのだった。

苦悩としてのキリスト教という理念を手に、世俗迎合的な体制派キリスト教に自己吟味を促し、その是正へつなげようと考えるキェルケゴールは、「真理の証人」概念をめぐる議論からその課題に着手する。『祖国』に寄稿した最初の小論は、「ミュンスター監督は「真理の証人」であったか」である。そこで彼は、当然のことながら、ミュンスターを真理の証人の一環から切り離そうと、次のような主張を展開する。

私の解するところでは、新約聖書のキリスト教とは、端的に言えば精神としてこの世を生きる苦悩であり、この世との異質性である。世俗的な生とは袂を分かつこと、つまり世界に死に切ることである。キリスト教を宣教するとは、こうしたキリスト教を、その宣教者の生が表現することでなければならない。そこにこそ真理の証人という生のあり方が形をとる。ミュンスターはもちろんそのように生きることはなかったし、彼が実際に宣教した、緩和版のキリスト教すらも、彼の生が表現することはなかった。とはいえミュンスター自身としては、僭越にも自分が真理の証人であると名乗るようなことはしなかったにちがいない。だが周囲の牧師たちが彼のことを真理の証人の一環に仕立て上げようとするに及んでは、反対の声を上げざるをえない。牧師たちがやっていることといえば、キリスト教とは正反対のことばかりで、キリスト教と戯れることになっているのではないか――。

これを皮切りに彼は、『祖国』に次々と小論を寄稿し、自説を提示していく。

まず批判の矛先であるマーテンセンに対しては、次のような要求を突きつける。現在宣教されているものが新約聖書のキリスト教であるという非真理は、即刻また完全に、終わらせられなくてはならない――。

彼が率いることになった国教会が支柱となる、デンマークの体制派キリスト教に対しては、こう言う。そもそもこの国には新約聖書のキリスト教はまったく存在していない。一定数の監督や牧師は存在するが、そのうち誰一人として、新約聖書のキリスト教を、その人格においてまとってはいないし、そう尽力しようとする者すらいない。キリスト教を誤った仕方で宣教することは、もっともおそろしい神への反抗なのではないか――。

そして彼は言う。自分はあくまでマーテンセン監督の幻想に対して抗議しているのであって、聖職者たちが真理の証人になることを義務づけるべきだなどと主張しているのではない。真理の証人というその言葉は、取り下げられなくてはならないのだ、と。

†信徒たちに向けて

キェルケゴールは『祖国』から『瞬間』に活動の媒体を移行させる期間にあって、小著

『これは言われねばならない』を、一八五五年五月二三日に刊行している。『祖国』でのキェルケゴールの攻撃に対する、マーテンセンをはじめとする体制派キリスト教側からの批判的反応をおそらく一つの契機として、キェルケゴールは徐々に教会闘争の焦点を、真理の証人の概念に絡めた国教会批判から、信徒たちへの呼びかけへとスライドさせていく。移行期の著作『これは言われねばならない』、とくにその前半に、その萌芽が見られる。

同書の前半でキェルケゴールは、自分は誰かを強制するような力を持ち合わせてはいないが、それでも言われねばならないことを言うのだ、と述べる。そしてその宛先は、体制派キリスト教の内部の人々ではない。彼は国教会の牧師たちというよりも、むしろキリスト教界を生きる一般の人々に、牧師職にはない信徒たちに向けて、言葉を発するのである。現在行われている公的な礼拝は、新約聖書のキリスト教であることを自称しているがとんでもないことで、それに参加しないことによって、あなたたちは神を愚弄《ぐろう》する咎《とが》を避けられるのです、と。

つまりキェルケゴールはここにきて、国教会の牧師たちに批判を浴びせかけ、新約聖書のキリスト教の理念を想起させようとするよりも、むしろ、その困難さを踏まえ、そうした牧師たちのもとにいる信徒たちに向けて語りかける。体制派キリスト教から距離を置くよう助言するのである。

なお『これは言われねばならない』の後半（付録）でキェルケゴールは、このような教会闘争を企てる自分自身の生にかんして、真情を吐露している。この活動は人間的に言って望ましいものではないが、摂理の導きによるのであり、やらなくてはならないことである。神の愛によって自分は動かされており、すすんで犠牲になることを望んでいる――。

彼が変わることなく、神に生涯を捧げる懺悔者として、キリスト教界にキリスト教を再導入するという任務を果たそうとしている様が、透かし見えてくる。そして彼は、神への絶対的な信頼のもと、神の意志が導くところへ進んでいこうとしているのであり、その苦悩の生により信仰を表現しようとするのである。

†瞬間、永遠のアトム

キェルケゴールは、教会闘争に巻き込むことで『祖国』紙の編集者たちの手をこれ以上煩わせたくなかった。より自由に振る舞える媒体を求め、小冊子『瞬間』を自主刊行することに決めた。一八五五年五月二四日に第一号が刊行され、九月二四日の第九号まで出版が続けられていく。

「瞬間」（Øieblikket）とは、『不安の概念』で論じられる概念であり、「永遠のアトム」とされる。つまりキェルケゴールにとって「瞬間」とは、「一瞬」とか「束の間」といった時間的な概念なのではない。時間のなかに永遠が入り込むときのことである。原罪によって永遠性や神のことを失念して時間的なもののなかを生きる人間にあって、永遠性や神が輝き始めるまさにそのときのことであり、言い換えれば人間が精神としてこの世の生を生き始めようとするときのことである。

キェルケゴールは『瞬間』で、教会闘争を仕切り直し、これまでの自分の主張を改めて提示しつつ、さらに先へと論戦を推し進めていく。そしてその論調はこれまで以上に攻撃的、ときに感情的なものへと、エスカレートしていく。『瞬間』をつうじての彼の主張内容は第一号にほぼすべて要約されており、その後の各号は補遺であったり、論点の部分的な補強であったりする。第一号の内容を概観してみることにしよう。彼は次のように言っている。

教会闘争は自分にとって任務である。自分としてはかつてのように宗教的詩人として著作家であることを好むが、この任務が自分の意に反するからこそ、まさに自分がそれを担うべく、選ばれたのだろう。その任務の内容とは、端的に言って、決定的なものをもたらすこと、である。それは言い換えれば、新約聖書のキリスト教をキリスト教界にもたらすことである。そしてこの任務を果たすべく自分は、その障害となっており全体を混乱させている、国教会が形成する体制派キリスト教に、批判の矛先を向けるのだ。誰もがやすやすとキリスト者を名乗ることを許容し、またそれを生活の糧とするたくさんの牧師たちが生息するのが、このキリスト教界の現状である。牧師ではない人々は、こうした体制派キリスト教から距離を置くべきである。事の責任は国教会とその牧師たちが負うべきであり、そうした人たちが連帯して作り出す体制派キリスト教に与してしまって、その責任の一端を負うようなことは、すべきではない――。

†牧師は人喰い人種である

『瞬間』の号を重ねるにつれ、キェルケゴールの批判は徐々にヒートアップしていく。たとえば第九号では、牧師はきわめて忌まわしい仕方での人食い人種である、などと言われる。キリスト教の真理のために殉教した使徒のような者たち、真理の証人たちのことを、彼らと同時代の人々は迫害した。後代の牧師たちは、そうした真理の証人の輝かしい姿を信徒たちの目から周到に隠しながら、それでも自分たちの生計の糧になるように、真理の証人というその概念を巧妙に利用している。その意味で牧師たちは、かつての迫害者たちとは別の意味で、その肉を食い物にしているのである――。

死後はじめて公開された第一〇号にいたっては、その冒頭からマーテンセンとミュンスター両者の名前が前面に押し出され、感情的な批判の矢面に立たされているのを見てとることができる。ミュンスターは無限なものに、神に仕える見せかけをしながら、有限なものばかりに仕えるという欺瞞を繰り広げた。ミュンスターとマーテンセンは結託して、宗教的な情熱という装いのもとに野心を隠して、シェラン教区監督の座をうまく引き継いでいった――。こうしたことが皮肉たっぷりに描き出されている。

2 人々の反応

†体制派の抗言と、若者たちの支持

キェルケゴールの言動に対し、人々はどのような反応を示したのだろうか。

『瞬間』の発行部数は一五〇〇にのぼることもあり、これは当時のデンマークの代表的な新聞の一つ『祖国』と同等だったようである。いずれの媒体の攻撃も、デンマークの人々の目に、ある程度はとまったようだ。

人々の反応のうち、目を引くのは、もちろん批判的なもののほうである。

たとえば、教会闘争の端緒となる小論が一八五四年一二月一八日の『祖国』紙上で公開

された翌日には、『日刊新聞』に、Aという署名で、「どうして敬虔さが、生きている者についての沈黙を命じ、死んだ者についてのスピーチを許すことがあろうか」という文章がさっそく寄せられた。年末の『コペンハーゲンポスト』紙には、キェルケゴールが今ではすっかり正気を失ってしまっているのではないかという旨の記事が掲載された。その後もキェルケゴールはコペンハーゲンの街なかで、なかば狂人のような扱いを受けたようである。たとえば、コペンハーゲンから二八マイルほどの郊外に休息の旅行に向かったほうがいいのではというアドバイスを受けることがあったという。そこには当時、精神病患者隔離施設があったらしい。

マーテンセンの反応は後述するが、体制派キリスト教を支える国教会の牧師たちの反応はと言えば、少なくとも確認できる文章を見るかぎり、もちろんまったく好意的ではなかった。たとえばトリュード副監督は、一八五五年一月一五日の『祖国』への寄稿のなかで、故ミュンスター監督の肩を持ちつつ、セーレン・キェルケゴール博士は、ミュンスター監督を「真理の証人」と呼ぶことに抗議することで、はたして本当に善き行いをしているのだろうかと、至極もっともな疑念を呈している。

国教会への批判という点では通ずるところがあるはずのグルントヴィ主義者として、牧師をしていた兄ペーターであったが、弟の教会闘争には懐疑的だった。ペーターは、一八五五年七月五日に古都ロスキレで開催された聖職者会議で講演し、そのなかで、昨今世間を賑わせている弟について触れた。セーレンの最近の刊行物は、キリスト者の生活の真理を見過ごしてしまっており、神秘的で苦行的なものになってしまっているのではないか、と。

他方、体制派キリスト教への反対者、とくに若者たちのあいだには、キェルケゴールの大胆不敵な行動を目の当たりにし、彼のことを支持する者たちも一定数いたようだ。また、知り合いでもあった、コペンハーゲン大学の哲学教員ラスムス・ニールセンは、一月一〇日の『祖国』に、キェルケゴールを擁護する文章を寄せるなどしている。ある一私人は知人への手紙のなかで、キェルケゴールが伝えようとしていること、すなわちキリスト教という真理をめぐる自己の再吟味という事柄に、人々が目をくれていない状況を嘆いている。ほとんどの人が、キェルケゴールとはどのような人間なのかという点ばかりに興味を向け、まるで彼のことをばらばらにしてしまおうと振る舞っているように思える、と。

†N－nによる投書

教会闘争が、真理の証人の概念をめぐる議論から、体制派キリスト教への大掛かりな批判へと展開し、キェルケゴールが妥協点を見出そうとすることなく、やみくもに攻撃を続けているように見える事態を前に、事の建設的な終結を提案する者もいた。一八五五年四月三日、『祖国』にN－nの名（誰であるかは不明）で、「キェルケゴール博士への申し出」が掲載された。キェルケゴールが仕掛けたこの争いはもう半年も続いており、そろそろ性急でまた誇張的な論争を終わらせるべきである。キェルケゴールが教会や牧師たちに投げつける悪口にはもううんざりしている。もしキェルケゴールがただ物事を混乱させることだけを望んでいるわけではないのなら、牧師たちに、キェルケゴールが解するところの新約聖書の教えとやらを明確に示すことで、事を建設的に終わらせてはどうか――。

キェルケゴールはこれに対し、四月七日の『祖国』で応答をしている。新約聖書についての自分の理解を知りたいのであれば、『哲学的断片への結びとしての非学問的後書き』と『死に至る病』、そしてとくに『キリスト教の修練』を読むべきである、と。このあたりからも、キェルケゴール思想の要点である〈実存哲学〉は『非学問的後書き』に概括されていることと、後期の著作家活動の彼の理論的支柱が『死に至る病』と『キリスト教の修練』にあることが、うかがい知れるであろう。

†マーテンセンの反応

さて、教会闘争におけるキェルケゴールの批判の対象そのものといえるマーテンセンは、キェルケゴールの攻撃にどのように反応したのだろう。

彼は、一八五四年一二月一八日の『祖国』へのキェルケゴールの寄稿(「ミュンスター監督は「真理の証人」であったか」)のなかで、自らのミュンスター追悼説教が槍玉に挙げられていることを知ると、まず一二月二八日に『ベアリング・ニュース』紙に次のような返答を寄せている。キェルケゴールは真理の証人の概念をきわめて限定的な意味で、つまり血みどろの殉教という意味でのみ用いてしまっている。彼の主張するキリスト教には教会や歴史が存在しなくなってしまっている。キリスト者の苦悩は肉体的な迫害以外にもありうるはずである。キェルケゴールはわかっていながら曲解しているように思える――。

キェルケゴールのミュンスター批判にかんして、マーテンセンは、キェルケゴールの要求が過度であると考える。たとえば、先述のようにキェルケゴールは、真理は宣教者の実存において表現されるべきと言うが、彼ははたしてどこまで真剣にそのようなことを言っているのか、と疑問を呈している。

マーテンセンは、キェルケゴールがこうした自分の反論を気に留める気配もなく、『祖国』を舞台にひきつづき同様の趣旨の論述を繰り返すのを見て、一八五五年一月上旬、友人への手紙のなかでこの件に触れている。自分はもともとこのような事態に巻き込まれたくなかったのだが、ミュンスターへの敬意からやむなく反論を書いたのだ。今後一切、この件については何も書くつもりはない、と。

マーテンセンは、たしかにその後、公の場でキェルケゴールに反論などをすることはなかった。だがもちろん事の次第を気にかけてはいて、キェルケゴールが公刊するもの、たとえば『瞬間』第一号を読んだり、知人から事の進捗を聞いたりはしていた。一八五五年四月上旬の知人への手紙のなかで、キェルケゴールは自分の能力の限界というものをわきまえていない、と途方にくれている。

後年(一八八二年から一八八三年にかけて)刊行された自伝のなかで、マーテンセンはキェルケゴールについて、とくに彼の教会闘争について、多くの字数を費やして触れている。もちろんきわめて否定的にである。キェルケゴールのキリスト教は、ただ個人を見るばかりで、社会、集団、教会という概念を完全に欠いている。彼はこのような、すべてを批判するばかりの活動家に転ずるより、以前のような著作家でありつづければ、より善きものをわれわれにもたらしたことだったろうに——。

†シバーンの冷静な目

キェルケゴールの教会闘争は、このようにさまざまな反応を誘発した。いずれにしてもそれは、大きなセンセーションを巻き起こしたようだ。目撃者のなかには、若き神学者たちの多くがキェルケゴールの側についており、いずれデンマークにおける教会改革につながるはずだと予見する者さえもいた。

事柄全体をきわめて冷静に見つめていた者の一人に、シバーンがいる。シバーンはコペンハーゲン大学教授で、キェルケゴールの学位論文の審査委員も務めた恩師である。彼は家族や知人への手紙のなかで、こう記している。

キェルケゴールは論争的ではあっても扇動的ではなかったので、今回の一件にとても驚いている。彼の行いは、宗派同士の対立でよく生じるように、あまりに一面的になってしまっているのではないか。ミュンスターのキリスト教は、（宗教改革においてローマ教会やカルヴァン派に歩み寄り、ルターからは遠ざかった）メランヒトンのように、たしかに妥協的なところがあった。だがそれでも、彼が神のために情熱をもって働いたことは確かだ。キェルケゴールはまた別の一面を強調して神のために働いているのであり、そして悪いことに、その一面性こそがすべてだと誤認してしまっている。事の評価は、彼がデンマークの人々にこれだけの怒りを引き起こしたところに、おのずと示されているのではないか――。

キェルケゴールは教会闘争に先立つ一八五〇年、日記でつぶやいている。ミュンスターも含め、私の主張が正しいことは皆が知っているはずなのに、それでも誰一人、私の正しさを認めようとしない。そして認めようとしないことについてだって、本当は誰しもがわかっているはずなのに、と。

懺悔者として神に生涯を捧げたキェルケゴール。キリスト教界にキリスト教を再導入する任務を負い、神に仕えるスパイとしてその任務にあたり、著作家活動をつうじて〈実存哲学〉を作動させようとしたキェルケゴール。紆余曲折のすえ活動家に身を転じ、教会闘争を展開せざるをえなかったキェルケゴール。こうした視座から彼を理解しようとする後世の者からすれば、たしかに彼のその言葉に首肯したくはなる。だがそれは、彼に肩入れしすぎた見方なのかもしれない。

3 『神の不変性』

†神の不変性のなかにやすらう

キェルケゴールは教会闘争のさなかにあっても講話を一冊刊行している。そこでは活動家としてではなく、等身大の彼自身のまま、デンマークの人々に語りかけている。一八五五年九月一日に刊行された『神の不変性——一つの講話』であり、もちろん彼が刊行した最後の講話である。

本書の題材は「良い贈り物、完全な賜物はみな、上から、光の源である御父から来るのです」という言葉に始まる「ヤコブの手紙」一章一七節から二一節である。不変である神に、使徒は絶対的に服従して身を献じる。他方でわれわれ普通の人間は、神の不変性を別の観点からも見るべきであり、神の不変性はわれわれにはおそれとおののきであり、そしてまた慰めと至福でもあることが説かれる。

人間自身もふくめ、あらゆる時間的な物事は移ろいゆく。世界は転変を繰り返し、一羽の雀は生まれ死んでいく。だが全能によってすべてを創造した神は、そのすべての場面に居合わせながら、自身は変わることはない。これが神の不変性である。

人間が神との了解のうちにあるとき、人間の意志は即、神の意志となる。神の不変性が人間にとっておそれとおののきであるのは、神の意志と人間の意志が一致していないとき、人間が神との了解のうちにないときである。神が向けている意志とほんのわずかでも違う道を進むこと、それは人間にとっておそろしいことなのである。というのも、神は人間のように何かを忘却することはなく、神にとってはすべてが永遠に現在するからである。人間が神の意志から外れて望んだこと、決意したこと。神はそれらを何であれ、永遠に変わることなく記憶するのである。

他方でもちろんこの神の不変性は、人間にとって慰めと至福でもありうる。人間が時間的な物事の変化に、自分の生に襲いかかるさまざまな出来事に、どうしようもなく疲れ果てたとき、神はそれでも変わることがないのだというその事実こそが、人間にとっての安住の地となりうるのである。そこでもし人間が、神の不変性によってみずからを陶冶《とうや》し、気まぐれや我意を排して幼児のように神の意志と一致し、そうして無常や可変性を乗り越えるとき、人間は神の不変性のなかにやすらう。

†心の奥底に響き渡る声

教会闘争のさなかにあって出版されたこの講話は、やはりほかの講話と同じく、等身大のキェルケゴール自身の嘘偽りのない言葉だったと思われる。そこには、使徒ではない普通の人間として彼自身が生きた、生きようとした信仰の境地が、すなわち、所与の自己のあり方を手がかりにして、不変である神の意志を探し求める実存の姿が描き出されている。そのように生きるところに神への全幅の信頼が形をとり、それが至福をもたらす。キェルケゴールは結局のところこうした生に、教会闘争をつうじてもなお、人々を導こうとしたのである。

キェルケゴールがこの講話を執筆したのは、じつはさかのぼること数年、一八五一年五月中旬のことだった。同年五月一八日の日曜日に、キェルケゴールは、コペンハーゲンのシタデレツ教会（要塞教会）で説教をした。この講話はそのときの原稿なのである。

キェルケゴールはそのころの日記にこう書いている。主題にした「ヤコブの手紙」の個所は自分のお気に入りなのだが、この説教の準備にあたって、体力的にとても疲弊してしまった。そして当日の説教では声がとても弱々しくなってしまい、聞こえないという聴講者の不平を耳にした。終わって家に帰ってからは、いくぶん回復し、この先も何度か説教をしようかと考えたのだが、やはりそれは自分には不向きなのだろう――。

説教の数日後、キェルケゴールは、参席していたある女性から手紙を受け取った。彼女（〝e－e〟と署名）はこう書いている。あなたの説教は、聞き終わる前にすぐに忘れてしまうような類のものではありませんでした。とても豊かで温かな心からその講話は流れ出していて、恐ろしいほどのものでありながら、それでいて建徳的で慰めとなるようなものでした。心のなかに流れ込んで決して忘れられることはなく、永遠の、すばらしい実をもたらすことでしょう――。

キェルケゴールは身体的に虚弱で、声は細く、説教の声すら教会のなかに響き渡らせられないほどだった。だがそれでもその話の内容は、心の奥底に響き渡る。ここにキェルケゴールという人についての、真実の一面があるように思われる。

†教会闘争は何をもたらしたか

キェルケゴールは一八五五年三月中旬、かつての婚約者で、すでに別の男性と結婚しているレギーネと、散歩の途中に出くわした。夫婦は夫の仕事の関係でデンマーク領西インド諸島へまもなく引っ越すことになっていた。レギーネは教会闘争の渦中にあった彼に、「神の祝福がありますように――すべてうまくゆきますように!」と声をかけた。キェルケゴールは驚きながらも、帽子を取って応答したという。

キェルケゴールは教会闘争の時期、国教会による聖餐式への抗議の意味をこめて、毎週日曜日、ちょうど教会の鐘が聖餐式のはじまりを告げるころ、学術協会の読書室という、人々の目につきやすいところに姿を現すようになっていた。その彼に話しかける稀有な人もいた。

ある著作家が回顧録で次のように記している。

私はキェルケゴールとただ一度、一八五五年の彼の死の直前に話したことがある。彼の著作は私に力強い影響を与えていた。ある日曜日の朝、私は学術協会の読書室に行った――そこでキェルケゴールはこのころ、誇示するかのように、教会行事の時間を過ごしていた。それは彼に『瞬間』について感謝するためだった。『瞬間』は彼が当時出版していたパンフレットで、そのパトスとウィットたるやすばらしいものだった。彼は私を窓際の奥まったところに導き、私と数語友好的な言葉を交わした。彼の力は目に見えて弱まっていたが、彼の目は愛の静かな光で輝いていた。その目を私はいまだに思い出すことができる。それは私を深いところで動かしつづけている。（*EWK*, p. 115）

キェルケゴールは生涯にわたって、キリスト教界にキリスト教を再導入する任務を遂行した。その最後の活動、教会闘争は、とても多くの批判に晒されたし、冷静な目からはその主張は一面的すぎるように思えた。だが少なくとも、いくばくかの人々には、何物にも代えがたい善きものをもたらしたのだった。

コラム

晩年のキェルケゴールの姿

キェルケゴールはどのような姿をしていたのだろう。彼と付き合いのあった、ペーター・ゼール（一八二五～一八九八）という人が、キェルケゴールの死後ほどなくして、彼の晩年の姿について、次のような証言を残している。

キェルケゴールはだいたい風刺画のとおりだった。浅くて、つばの広い帽子の下に、ごわごわの、ダークブラウン色の髪をした、大きな頭が見えた。瞳は青く、印象深い。顔は青ざめた感のある黄色で、頬はくぼんでいる。頬の下と口の周りには、たくさんのしわが深く刻まれていて、口が沈黙するときにも、それらが多くを物語るようだった。彼はよく、頭を一方に少し傾けていた。背中はやや曲がっていた。腕の下にステッキか傘を持っていた。細身の茶色いコートが、彼の細い身体の周りをぴたりと覆い、ボタンがかけられていた。弱々しい脚は、その重荷をかろうじて支えているようだった。だがその脚のおかげで彼は、ずいぶん長いあいだ、書斎から野外に出て、「人間浴」を楽しむことができたのだ。（*EWK*, p. 113）

終章 死とその後

思い返せばキェルケゴールの生は、苦悩によって塗り固められていた。遊んだり恋をしたり、仕事をしたり結婚をしたり——そうしたごく平凡な幸福は、彼からはことごとく取り上げられた。若くして自分は懺悔者であると知り、生涯のすべてを神に捧げるべきことを認識した。神に仕えるスパイとして、キリスト教界にキリスト教を再導入する任務にあたり、著作家活動をつうじて〈実存哲学〉を作動させようと奮闘した。最後には活動家へと身を転じ、教会闘争に突き進んだ。人々から孤立していき、人間として生きていることに、ほとほと嫌気がさした。

懺悔者キェルケゴールの苦悩の生は、ようやくその終着点に至る。彼は教会闘争のさなか、天へと召される。彼の最期の日々とその後について、いくつかの事実を概観しよう。

あわせて、彼がはたして同時代人たちにどれほど理解されたのか、考えてみたい。

1 死

†最期の日々

教会闘争を続けるキェルケゴールの健康は、日を追って悪くなっていった。

一八五五年九月中旬には、自宅で倒れた。意識はあるものの、足がむずむずし、下半身が思うように動かなくなっていた。九月末には散歩の途次に街なかで倒れた。自宅に運ばれたが今度は回復せず、一〇月二日にフレデリクス病院に運ばれた。

彼の入院は親しい人にしか知らされていなかったらしい。兄ペーターは弟の入院を聞き、病院に駆け付けたが、すげなく弟に面会を拒絶された。唯一の友人といえるエミール・ベーセン（一八一二～一八八二）は死の際の彼のいちばん身近に居つづけた。

ベーセンはキェルケゴールに、聖餐を受けるつもりか、と尋ねた。キェルケゴールは答えた。受けるが、牧師からではなく、一信徒からだ。牧師は国王の公務員だ。国王の公務員はキリスト教と何の関係もない――そうした会話が交わされた。

病床のキェルケゴールの様子は、入院初期のころ〔一〇月一五日〕にベーセンが妻に向けて書いた手紙のなかに描き出されている。

私は昨日、セーレンのところに行ってきました。彼の姿を見て私はとても驚きましたが、彼のほうは私が来て喜んでくれて、私に感謝してくれました。私たちは最近の彼の身に生じていることについて、少し話をしました。彼は礼儀正しく落ち着いていました。そして彼は、もうこうして病気になったのだから、死を願っている、と言いました。彼の下半身は脊髄のせいで、麻痺しています。今日彼は、身体的にとても苦しんでいて、少しだけしか話ができませんでした。彼は私のほかには誰とも会おうとしません。私はエミール・フェンガー〔医師〕と昨日の朝、話をしました。彼は、もちろん回復の可能性はあるものの、セーレンの生命はきわめて危機的であると言いました。それで私は昨日も今日も彼のところに行ったのです。私は本当に、彼と、長く真剣な会話はまったくできないでいるのです。(*EWK*, p. 121)

†最後の思考

キェルケゴールは長らく日記を書きつづけてきた。だが一八五四年一二月下旬をもって、日記帳への記述は途絶えた。その後教会闘争期にあっては、その意図は不明だが、綴じられた日記帳ではなく、ばらばらの紙片に、日記と呼べるような内容を断続的に書きつづけている。そうした紙片に書き残された、最後の日記がある。路上で倒れる数日前、九月二五日に書かれた。これが後世に残された、キェルケゴールの最後の思考である。

この生の定め、キリスト教的に

この生は、どうしようもないほどの生きることへの嫌悪に行き着くよう、定められている。

この地点に行き着き、愛ゆえに彼のことをここまで行き着かせたのは神なのだと断言できる人、あるいは、神により助けられてそう断言できる人は、キリスト教的な意味で生の試験をパスしたのであり、永遠性へと向けて成熟したのである。

罪責によって私はこの世に生を享け、神の意志に反して存在するようになった。その責めとは――神の目からすれば、それが私を悪人としているのだろうけれど、ある意味でそれは私のものではない――命を生み出すことである。その責めのために、人生へのあらゆる願いを奪われ、どうしようもないほどの生きることへの嫌悪へともたらされるという罰を、私は身に受ける羽目になった。人間は、人間を創造することによってではないにせよ、命を生み出すことによって、創造主の技巧をいじくり回そうとする。「汝らはその報いを受けるだろう。汝らの生は、どうしようもないほどの生きることへの嫌悪に行き着くよう、定められているのだから。だがそれでもそれは、私の恩恵によるのだ。というのも、私は救われる人間に対してだけ、その恩恵を示すのだから」。

ほとんどの人間は今、精神性がゼロであり、こうした恩恵を失っており、だからその罰が下されることがまったくない。人々はこの生に埋没し、無とも言えるこの生に固執し、何になるということもなく、生を浪費してしまっている。

いくばくかでも精神というものを有し、その恩恵にかなう人、そうした人の生は、生きることへのどうしようもない嫌悪へともたらされるわけである。けれどもこうした人々はそれを喜ばず、神に対して不服を唱えたりもする。

生への嫌悪というこの地点にまでもたらされて、恩恵に助けられて、神は愛ゆえにそうされたのだと断言することができるような人間、だから、神が愛であるということについての疑念を心の奥に隠し持たない人間、こうした人間だけが、永遠性へと向けて成熟したのである。

神もまた、そうした人たちを永遠性のなかに受け容れてくださる。だが、神はつまるところ何を望んでいらっしゃるのか？　神は、ご自身のことをほめたたえ、崇拝し、賛美し、ご自身に感謝をささげる、そうした心を――つまり、天使たちのなすことを――望んでいらっしゃる。だから神は天使たちに取り囲まれているのだ。「キリスト教界」の群衆のうちに見受けられるものと言えば、ごくわずかのお金を払って、神の栄光と賛美を求めるわめき声ばかりだ。神はこうしたやり方をする者を好まれない。否、神を喜ばせるのは天使たちである。そして、天使たちの称賛にもまして神がお気に召すのは、人生の終着点で、神がまったくの無慈悲へと姿を変えられ、なぜこれほどまで、というその無慈悲によって、人生への願いをことごとく彼から奪い去るためにあらゆることをなされるとき、それでも、神が愛であることを、神は愛ゆえにこのようなことをなさるのだということを信じつづける、そのような人間である。こうした人間はそうして天使となる。そして天にあってその人は、ずっと容易に神を称賛することができる。だが学びの時期、学校時代というのは、いつだってもっとも厳格な時なのだ。完璧な歌声の歌い手を求めて世界中を旅して回ろうとする人間のように、神は、天に座して、耳をそばだてていらっしゃる。そして神が、生きることへのどうしようもない嫌悪へとお導きになった人間から、称賛の声を耳にされるときはいつも、その人間のかたわらで、このようにおっしゃるのだ。「歌声が聴こえる」。神がそのようにおっしゃるのは、神が発見されたかのようであるが、じつは神はその準備をされていたのである。それというのも、神ご自身がその人間のかたわらにおられ、〔人間の〕自由だけがなしうることについて、できる限りで、その人のことをお助けになっていたからだ。それは自由だけがなしうるのである。だが驚くべきことに人間は、まるで神がそれをなしてくださったかのように、神に感謝をささげることができるのである。そして、それができたことについての感謝の喜びのなかで、人間は、幸福感に包まれて、それを行ったのは自分だという声はまったく耳に入らず、感謝の念をもってすべてを神に帰し、神こそがそれを行ってくださったのだとずっと思えるようにと、神に懇願するのである。なぜなら、彼は、自分を信じているのではなく、神を信じているからだ。（SKS27, 695-698/Papir:591／『キェルケゴールの日記――哲学と信仰のあいだ』二三三〜二三六頁）

教会闘争をつうじて体制派への不信や不満を抱えつづけ、他方で日に日に悪くなっていく脆い身体で生きるキェルケゴールは、どうしようもないほどにこの世の生を嫌悪する。彼はそれでも、自分が自由に生きたすえ、そうした生への嫌悪を抱くようになったこと、抱くことができたことに、神の愛を、恩恵を見出そうとしているのである。こうした嫌悪を持ちえた人間のみが、永遠的な意味では救われるのだ、と。

†キェルケゴールの死

キェルケゴールは一八五五年一一月一一日の夜、フレデリクス病院で静かに息を引き取った。四二歳だった。

検死はされなかったので正確な死因は不明である。入院中のキェルケゴールの症状について、病院の記録には「半身不随」「麻痺」などとある。病名については「結核?」といった憶測的な言葉も見られるが、何が死因か定かではない。現代の医学的観点から諸症状を見て、進行性の神経系の病気、ギランバレー症候群などではないかとの推測もある。

キェルケゴールの死は、すぐに新聞の死亡記事などをつうじて、デンマークの人々の、さらにはスウェーデンやノルウェーの人々の知るところとなった。死後ほどなくして、コルサー事件での天敵、『コルサー』の刊行者メイアー・ゴルシュミット(一八一九〜一八八七)が、このとき携わっていた定期刊行物『北と南』一一月一五日号で、次のようなことを言っている。

キェルケゴールという偉大な知性の最近の行為は、以前の彼の人格からは考えられないものであり、それが彼の病気の影響だったと考えれば辻褄は合う。彼に批判的な人は、彼の死について、国教会とその牧師たちへの無慈悲な攻撃に対して下された罰だと言っているが、教会闘争が今後さらに盛り上がりを見せるためには、この死はタイムリーだったのかもしれない――。キェルケゴールの死に対する人々の反応の一端は、このあたりに物語られているように思われる。

一一月一八日の聖母教会での告別式には、一説では数千人の参列者があった。もちろん体制派キリスト教の主導者たちの姿はなく、おもに若く無名な人が多かったようだが、アンデルセンやラスムス・ニールセンといった知識人の姿もあったようだ。その後アシステンス墓地の家族墓所に埋葬された。なおその埋葬の際に、甥で医者だったヘンリク・ルンが、体制派キリスト教に対して勇敢に戦った者を、国教会の牧師の手で送ることに抗議する趣旨のスピーチが突如なされたらしいが、ぱらぱらと拍手を得たのみで、大事にはいたらなかったらしい。

キェルケゴールの遺書には、自分が残したものはすべて、かつての婚約者レギーネに届けてほしいと書かれていた。

2　キェルケゴールは理解されたか

†キェルケゴールの嘆き

キェルケゴールは、キリスト教界にキリスト教を再導入するという任務を終え、苦悩の生からようやく解放され、神のもとへ帰っていった。

最後に改めて考えてみたい。キェルケゴールという特異な人物は、結局のところ同時代人たちにどこまで理解されていたのだろうか。

本書が示してきたとおり、キェルケゴールは根本的に懺悔者であった。神にその生涯を捧げ、キリスト教界にキリスト教を再導入するという任務に携わった。基本的には神に仕えるスパイであることをアイデンティティとし、その任務を〈実存哲学〉を作動させることで果たそうと、著作家活動を展開した。そして晩年は、スパイから活動家に身を転じ、今度はその任務を、教会闘争という形で遂行しようとした。

キェルケゴールはこのような自分自身のあり方のうち、懺悔者意識や神に仕えるスパイというアイデンティティについて、つまり彼自身の罪や信仰の内実にかかわるきわめてプライベートな部分については、同時代の人々に向けて、何も明確な言葉で語っていない。彼がそれらについてもっとも赤裸々に綴っている日記は、本人以外は目にすることができなかったし、懺悔者意識に示唆的に触れる『私の著作家活動への視点』の出版は、生前は見送られた。

だがそれでも彼は、個々の著作の内容についてはもとより、著作家活動のデザインについても、周囲の人々には当然、理解されるものだと考えていたようだ。『視点』の簡易版『私の著作家活動について』は刊行したのだから、と。

そんなわけで、著作家活動に一定のデザインがあることすら、ほとんど誰もわかってくれていないという（当然の）現実を前にして、彼はため息をつく。たとえば、キェルケゴールの初期の著作家活動が生み出した『おそれとおののき』と『哲学的断片への結びとしての非学問的後書き』を題材に、仮名の著者シレンチオとクリマクスへの批判を含む書物を刊行した、ある知識人がいた。彼はそのなかで、仮名の著者たちをキェルケゴールと単純に同一視した。この事態を目の当たりにしたキェルケゴールは、自分の著作家活動の、考え抜かれたその芸術的なデザインは、結局誰にも理解されないのだと嘆いている。この著作家活動のデザインを適切にアレンジし、保持することにいったいどれだけの尽力を必要とするのか、わかってくれる者は誰一人いない、と。

†うんざりさせる本

ラテン語学校時代からコペンハーゲン大学時代にかけてのキェルケゴールの先輩に、のちに文学者、編集者となったフレゼリク・リーベンベーア（一八一〇〜一八九四）という人がいた。彼は最晩年に出版した自伝でかつてを振り返り、キェルケゴールが出版した著作に対して、リアルタイムで自分がどのように反応したか、思い起こしている。

私がかつての級友、セーレン・キェルケゴールの有名な本『あれか、これか』から多くを得なかったのだとすれば、それはまちがいなく私のせいだった。同じことは、その後一〇年にわたって彼から生み出された刊行物についても言える。私がこの著者の作品の、まぶしいほどの輝きに、盲目だったということではない。その本当の重要性が、私にははっきりとしなかったのだ。それでそのスタイルにうんざりしてしまっていた。何より、「逆説」とか、「不条理なものによる信仰」とか、そうしたものにそこでは――彼の神学的作品においてと同じように――絶え間なく向き合わされるので、いらいらしていたのだ。あらゆるアイデアが極端に誇張されているように思えた。私には、架空の人物たちが生命を持って現れてこなかった。それに、もったいぶった講釈は繰り返され、

うんざりするほど長たらしく、こうした本にきちんと向き合うことには耐えられなかったのだ。（*EWK*, p. 92）

リーベンベーアが、自伝を出版した時点で、どれほどキェルケゴールを理解していたかはわからない。だが、かつての知人の一人として、またデンマークの知識人の一人として、相応の親切心と関心をもって、キェルケゴールの著作に接近したことは垣間見えてくる。そのような彼にとってすら、キェルケゴールの著作の多くは、少なくともリアルタイムでは、まともに向き合える代物ではなかったようだ。だから著作を送り出した彼の意図、著作家活動のデザインについてはなお、ほとんどの人が理解していなかったのだろうと推察はできる。

†「共鳴板のひび割れた高貴な楽器」

教会闘争の敵対者マーテンセンは、キェルケゴールの死後に執筆した自伝のなかで、ときどきキェルケゴールに言及している。彼はキェルケゴールに深い宗教性があったことを認めつつ、キェルケゴールは改革者として人々を焚きつけるような振る舞いはすべきでなかったし、著作家でありつづけたほうがよかったと述懐する。

とくに教会闘争の時期のキェルケゴールについてそう批判したうえで、マーテンセンは、キェルケゴールの生の全体について、次のようにまとめている。

だが、キェルケゴールの著作のうちに見出される、豊かな精神と天才さが、未来に対してどんな実りももたらさないのだとしたら、それは残念なことだろう。これまでのところ、試行錯誤の段階であるとはいえ、彼の著作のなかのたくさんの光り輝く個所から、本当に何かを得たと言えるような、価値ある著作家はまだ一人も現れていない。そうした個所はたしかに一面的であるのだが、それでも人を突き動かすし、燃え立たせもする。まだその時が来ていないのだと信じたい。とはいえ、これだけのものを読みこなそうとする人には、多くの忍耐と愛情が求められること、このことは間違いない。(*EWK*, p. 205)

マーテンセンは最大限の好意をもって、かつての天敵、今は亡きキェルケゴールを評しているように思われる。たしかに、彼の著作はときにきわめて冗長になる傾向にあり、読みとおすのに忍耐と愛情が必要になる。また読みとおしたとしても、そこにあるのは一面的で偏った思想かもしれない。だがそれでも彼の著作の深みは、新しく重要な何かを生み出す契機になるかもしれない。

だが、自分としては、これ以上の労をとって、キェルケゴールをさらに理解しようとするつもりはない、とマーテンセンは言う。そして彼は、友人の一人がキェルケゴールについて発した言葉を、的を射たものとして引用する。「彼は、共鳴板のひび割れた高貴な楽器だった」(*EWK*. p. 205)。美しい音を鳴り響かせ、人々の心を豊かにするだけのポテンシャルをもっていたはずのその楽器は、彼らの見解では、共鳴板が砕かれて、不協和音を奏でるばかりだった。その想像力や弁証法的思考力には目を見張るものがあったし、その宗教性たるや深遠であった。だが彼の生涯の活動たるや、結局のところとても耳障りなものになり果ててしまった。

†キェルケゴールの希望

神に仕えるスパイとしての自分の実存を、同時代の人々に理解してもらうのは容易ではない。そのことはキェルケゴール自身も、やはり自覚していた。一八五〇年の日記で彼は、次のように述べていた。

ああ、それは真実だ、本当に真実だ。デンマークが必要としているのは、一人の死者だということ。

死の瞬間に私は、たぐいまれなほどに勝利を収めることだろう。死の瞬間に、わたしの細い足やズボン、「セーレン」というニックネームについてのすべては、忘れ去られることだろう――いや、忘れ去られはしない。それは違う仕方で理解されることだろう。そして事柄は急加速するだろう。同じ瞬間に妬みは止むだろう。同じ瞬間に、私の証人であろうとする人は、今とは違う言葉を話すだろう。というのもそのとき、どんな自己否定も必要ではなくなるからだ。そのときには、私についてのどれだけ取るに足らない言葉でさえも意味を持ち、受け入れられることだろう――他方で今、巨大な仕事は外に追いやられ、そしてののしりと妬みが私をとらえてしまっている。

デンマークにおけるこうした道徳的崩壊にあっては、ある死者の声だけが、聞き入れられうるのである。その死者の生の全体は、このような状況を正そうとする試み、死者のように語ろうとする試みだったのだ。(SKS23, 226/NB17:77)

コルサー事件ですっかり世間の鼻つまみ者となった自分は、目立った仕事をすればするほど、かえって強くののしられ、妬まれてしまう。もし自分が死ぬならば、ののしりと妬みは止み、人々は自分の仕事を冷静に見つめるだろう。というのも、人々は死者の声には謙虚に耳を傾けるものだからだ。

だから一八五〇年の今、もちろん自分はこうしてまだ生きてはいるのだが、社会から隔絶されて、まるで死んだ者のようにして生きるのだ。

そしてもちろん、本当に死んだあと、私の一生はきちんと理解し直されるにちがいない。

それが彼の希望であった。

おわりに

本書は、キェルケゴールという特異な人物を、そのあるがままの本来の姿で現代に蘇らせることを目指してきた。彼はキリスト教界にキリスト教を再導入する任務に身を捧げ、長らく神に仕えるスパイとして生きた。だからこそ同時代の人々にとって、彼はときにスキャンダルだった。今日では彼は一般に、一九世紀の先駆的な思想家として理解されているが、思想家という側面は、彼の全体像のなかの、もちろん重要ではあるが、それでもやはり周縁的な一部だった。

ところで、じつはキェルケゴールは、彼のことをリアルタイムで見聞きできない後世の人々に対して、つまりわれわれに対しても、神に仕えるスパイとしての任務を遂行している。リアルタイムの著作家活動とは異なる仕方で間接的伝達を駆使して、われわれを〈実存哲学〉に誘おうとしているのである。キェルケゴールの本来の姿を復元させたわれわれは、彼が後世に残したそのメッセージに気づき、受け取ることができる。

キェルケゴール（ヨハンネス・クリマクス）は『哲学的断片への結びとしての非学問的後書き』で次のように考えていた。人間は、キリスト教の真理に対して、神の存在証明を典型とする客観的なアプローチをとって迫ることはできる。だがそこで人間が何らかの「真理」に触れるとしても、人間が信仰に向けて歩み始めることはないだろう。その意味でその「真理」は十分ではなく、どこまでも真理の近似値であるにすぎない。キリスト教の真理に対して人間は、それをわがものとする仕方、自分自身の実存全体を賭けた仕方での、主体的なアプローチが必要なのである。そのようにしてこそ人間は、キリスト教の真理に、はじめて触れることができる――。

ある種の真理は知性による客観的なアプローチを逃れる。知性の目をすり抜ける不確実な真理に対し、人間は主体的にアプローチし、わがものとするしかない。キェルケゴールの生涯は、一面から見れば、クリマクスに語らせたこの命題を地で行くものだった。キェルケゴールにとって信仰とは、自己への無限の関心と概念化されるべきものだった。それは自分の願望を否定して、どこまでも不確かな神の意志を志向する生き方にほかならず、それが導く苦悩の生を生き抜くことで、彼は真理に触れようとしていた。そのようなものとして彼の生涯は、彼なりの仕方での、キリスト教の真理への主体的なアプローチだったと言える。

キェルケゴールは、自己への無限の関心という概念を、ソクラテスから学んでいた。ソクラテスもやはり真理を、彼にとっては魂の不死性という真理を、直接的な確実性をもって知ることはできないことをわきまえていた。だから彼はそれに対し、客観的な証明によって迫ろうとはせず、主体的にアプローチした。

魂が肉体の死後も生きつづけるかどうかは人間にとってはどこまでも不確実なことにとどまるが、それを信じる彼は、その信念に自分のすべてを賭けて生きたのである。だから彼は、不死であるはずの魂をどこまでも美しく保とうとし、肉体に配慮するあまり魂を損ねてしまうようなことは、絶対にしなかった。彼のことを煙たがる人々が仕掛けた裁判の末に死刑判決を受けたあとでも、肉体の存続を欲してずるがしこく死刑を回避し、魂を汚すようなことはしなかった。そして潔く、毒杯をあおいで死んでいった。キェルケゴールは、こうしてソクラテスにとって不死性は最高の真理となったのだ、と言っていた。

ところでキェルケゴールは、ソクラテスからのこの学びに際して、ぼそっと、きわめて重要な言葉を発していた。「彼の生が、不死性があるということを、そして彼が不死であるということを、表現しているのである」(SKS20, 382/NB5:30/『キェルケゴールの日記——哲学と信仰のあいだ』一四五頁)。同じことを別の日記では、より明瞭に、こう言い換えている。「彼〔ソクラテス〕の生が、魂の不死性の証拠なのだ」(SKS23, 51/NB15:75)。

ソクラテスは魂の不死性という真理に対して、主体的にアプローチした。そして、そのような不確実な真理については、主体的にアプローチする者の生が、その真理の表現であり証拠になる。そうキェルケゴールはここで言っているのである。

あえて言葉を継ぐ必要もないかもしれないが、真理の表現であり証拠になると言うとき、真理をめぐる問題は、それに迫ろうとする当人にとって、という次元を超えている。ある真理に主体的にアプローチする人の生が、ほかの人々にとって、その真理の表現であり証拠として働くのだ、ということである。ソクラテスの、魂の不死というおのれの信念を賭けた、はかなくも美しい生は、それを目の当たりにする周囲の人々、キェルケゴールにとって、あるいは私たちにとっても、魂の不死という真理の表現であり証拠として作用しうるのだ、ということである。

ここでわれわれは気づくべきなのである。キェルケゴールも同じようにして、自分の生によって、われわれに向けて、キリスト教の真理を表現し、証拠立てようとしていたのだということに。

魂の不死性という真理への、ソクラテスの主体的なアプローチの模様は、彼の弟子プラトンが書き残した、ソクラテスについての言行録からうかがい知ることができる。『ソクラテスの弁明』などをとおして浮かび上がるソクラテスの生きざまが、それを読む後世のわれわれにとって、その真理の表現であり証拠として作用する。

キェルケゴールの場合はどうか。彼は自分の言行録を書き残してくれるような弟子を持たなかった。彼はかわりに自分自身の手で日記を書いた。日記のなかに、キリスト教界にキリスト教を再導入する任務を身に受け、神に仕えるスパイとして苦悩の生を生きる自分の姿を——ときにさまざまな脚色や加工を施して、いわば作品化して——書き残し、後世の理解を期したのである。そして本書が浮かび上がらせたのは、まさにそのような、キリスト教の真理に主体的にアプローチする彼の生だったのである。

キェルケゴールは懺悔者であり、罪意識から神に手綱を握られ、神に生涯を捧げる決意をした。自分に向けられているはずの神の意志はどのようなものか、神への全面的な信頼のもと、自己への無限の関心によって、手探りしつづけた。キリスト教界にキリスト教を再導入することに任務を見、基本的には神に仕えるスパイとして、その任務を著作家活動によって遂行した。そして最晩年には体制派キリスト教との衝突へ行き着くような苦悩の生を、永遠の生と至福への期待のなかで、生き抜いた。

彼は結婚もできず、牧師にすらなれず、いつも精神として、世俗的な生の喜びの享受を断念して生きようとした。その生き方は彼を、最後には、社会から完全に孤立させ、生きることのどうしようもないほどの嫌悪へと導いた。

日記を手がかりに復元される彼の生は、一見きわめて悲惨であり、痛々しい。だがそれは、キリスト教という真理を、神が人となったという真理を、表現し、証拠立てているように、たしかに私には思える。

キェルケゴールは、共鳴板のひび割れた、高貴な楽器だったのかもしれない。だがそれが奏でている不協和音は、それが不協和音であるからこそ、真理の姿をおぼろげに浮かび上がらせている。

読書案内

本書を読み、キェルケゴールにかんする学びをさらに深めたいと思われた方への手引きとして、日本語で読める本をいくつか紹介しよう。

†キェルケゴールの著作・日記

個人的な経験談で恐縮だが、大学一年生のときにはじめてキェルケゴールの著作を手に取った。キェルケゴールといえばこの本、というイメージのある本の邦訳を、文庫版で読んでみた。まったくわからなかった。一〇頁くらい読み進めて挫折してしまい、いやになってその後しばらく彼の本を手に取ることはなかった。

キェルケゴールにかんする学びとしては、もちろん彼の書いたものに直接触れることが一番である。だが、時代や文化、言語のちがいなど、理解の妨げになりうるさまざまなフアクターが彼と私たちのあいだには介在しているので、学びの第一歩は慎重に踏み出したほうがいいかもしれない。

キェルケゴールの著作のなかでは、たとえば『**おそれとおののき**』(桝田啓三郎訳、白水社、一九六二年〈『キルケゴール著作集』第5巻〉)は、解説の手助けなしでもおおむね理解できるし、また彼の〈実存哲学〉の重要な部分をめぐる考察でもあるので、第一歩には適切だろう。それよりも名の知れた『死に至る病』や『不安の概念』は、もう少しハードルが上がる。『**死に至る病**』(鈴木祐丞訳、講談社、二〇一七年)は、一読しただけでは捉えにくいこの書の論述の基本構造を、訳者解説によって浮かび上がらせているので、それを参照しつつ本文を読み進めれば、全体が理解できるようになっている。『**不安の概念**』(村上恭一訳、平凡社、二〇一九年)も訳注や訳者解説が充実しており、キェルケゴール(ヴィギリウス・ハウフニエンシス)が身を置いていた思想史的文脈を再現しながら読み進めることができるようになっている。

キェルケゴールのアイデンティティが神に仕えるスパイであるならば、著作だけではなく日記も読んで、彼の全体についての理解を深めたい。『**キェルケゴールの日記——哲学と信仰のあいだ**』(鈴木祐丞編訳、講談社、二〇一六年)は、彼の日記からとりわけ重要な項目を抜粋し、それらを年代順に並べ、その苦悩多き一生を追体験できるようになっている。

橋本淳『セーレン・キェルケゴール　北シェランの旅――「真理とは何か」』（創元社、二〇一四年）は、本書でも取り上げた「ギレライエの手記」およびその前後の彼の日記を全訳し、詳細な解説を付している。若き日のキェルケゴールの姿を、一九世紀のデンマークという舞台とともに、鮮やかに蘇らせてくれる。

キェルケゴールが書き残したもののなかで、多くの方々にもっと読まれるようになることを私が願っているのは、じつは講話である。飾るところのない彼の語り口に、ぜひ耳を傾けてみてほしい。所与の生をありのままに生きる生き物たちから、とくに百合と鳥から、沈黙、従順、喜びを学ぶべきことを説く『野の百合・空の鳥』（久山康訳、白水社、一九六三年（『キルケゴール著作集』第18巻））は、キリスト教徒でなくとも、訴えかけるものがある。

✝入門書

本書は、キェルケゴールを神に仕えるスパイというアイデンティティにおいて捉えることで、彼の全体像を復元させた。もちろん別の観点からアプローチする入門書も存在する。たとえば**工藤綏夫『キルケゴール』**（清水書院、一九六六年／新版二〇一四年）や**小川圭治『キルケゴール』**（講談社、一九七九年［人類の知的遺産48］）は、彼の生涯と思想を中立的な視点からバランスよくまとめている。後者は彼の著作から多くを引用し、彼の言葉に直に触れながら理解が進むように工夫されている。**大屋憲一・細谷昌志編『キェルケゴールを学ぶ人のために』**（世界思想社、一九九六年）は、思想家としての彼が用いたさまざまな概念を、網羅的に解説する。著作などを読むとき、事典がわりに手元に置いておくとよいかもしれない。**須藤孝也『人間になるということ――キルケゴールから現代へ』**（以文社、二〇二二年）は、とくに現代日本の抱える政治・経済的な問題に定位しながら、キェルケゴール思想の諸相をわかりやすく紹介している。

†専門書など

キェルケゴールにかんしてより深い学びを希求する向きには、専門的な研究をベースとしたさまざまな書籍がある。**橋本淳『キェルケゴールにおける「苦悩」の世界』**（未來社、一九七六年）は、日本のキェルケゴール研究の古典の一つである。キェルケゴールの生と思想を理解するための鍵を「苦悩」という概念に見る。その概念との関係から著作や日記を解釈し、彼の生と思想の発展をたどる。**藤野寛『キルケゴール――美と倫理のはざまに立つ哲学』**（岩波書店、二〇一四年）は、キェルケゴールの哲学に、それゆえおもに彼の美的著作に、ターゲットを絞る。「美」「倫理」「実存」といった概念の諸相を解き明かすことで、キェルケゴールという謎めいた人物に迫ろうとする。**鈴木祐丞『〈実存哲学〉の系譜**

——キェルケゴールをつなぐ者たち』（講談社、二〇二二年）は、ソクラテスに源泉を持つ彼の〈実存哲学〉の精神が、ハイデガーなどのいわゆる実存哲学（実存主義）ではなく、じつはウィトゲンシュタインの『哲学探究』のなかにこそ息づいていると論じる。

本書の冒頭（はじめに）で言及した新しいキェルケゴール研究にかんして、その成果が日本語の書籍としても形になりはじめている。**ジョン・スチュアート『キェルケゴールは反ヘーゲル主義者だったのか？——彼のヘーゲルへの関わりを再吟味する』**（桝形公也監訳、萌書房、二〇二三年）では、キェルケゴールのヘーゲルに対する関係が再考される。通説とは異なり、じつはキェルケゴールは基本的にヘーゲルその人には（さほど）批判の矛先を向けておらず、むしろデンマークのヘーゲル主義者たちにそれを向けていたことが明らかにされる。また、日本人研究者の手による新しいキェルケゴール研究の成果も、少しずつ現れはじめている。**須藤孝也『キルケゴールと「キリスト教界」』**（創文社、二〇一四年）、**鈴木祐丞『キェルケゴールの信仰と哲学——生と思想の全体像を問う』**（ミネルヴァ書房、二〇一四年）、**木瀬康太『キェルケゴール美学私考——イロニーと良心』**（北樹出版、近刊）、**鹿住輝之『キルケゴールのキリスト論——デンマークのヘーゲル主義者との関係で』**（新教出版社、近刊）などがそれである。これらは、とくに今後キェルケゴール研究に携わる人にとっては、必読の文献になるだろう。

キェルケゴール研究を志す人へ

大学や大学院等でキェルケゴール研究に取り組むことを考えておられる方には、まずは本書を読み、そもそも彼が何をやろうとしていたのか、彼の全体像を一度きちんと把握していただきたいと思う。そのうえで、それぞれの興味、関心に応じて、研究を進めていただくのがよいだろう。

本書でも折に触れて言及したが、キェルケゴールは、彼がやろうとしていたこととの関係で、大別すれば、仮名の著者をあてがって出版した著作（おもに美的著作）、実名で出版した著作（おもに宗教的著作）、そして日記を書き残した。研究にあたっては、やはり本書を参考にまずはそれぞれのアイデンティティを把握したうえで、これらを適切な仕方で活用していくことが求められる。細かい話のように思えるかもしれないが、本書を一読していただけば、これはとても大切なことだと理解していただけるはずである。

仮名の著作、実名の著作は、主要なものはほぼすべて、これまでに邦訳されている。仮名の著作については、白水社の『キルケゴール著作集』か、創言社の『キェルケゴール著作全集』を探せば、ほぼすべて邦訳を見つけることができる。前者はデンマーク語原典とドイツ語訳を底本として併用しているのに対し、後者はデンマーク語原典のみを底本としている。実名の著作の多くをカバーするのが、新地書房の『キルケゴールの講話・遺稿集』である。なお、『キルケゴール著作集』と『キェルケゴール著作全集』にも実名の著作の邦訳が、『キルケゴールの講話・遺稿集』にも仮名の著作の邦訳が、それぞれいくらか含まれている。日記にかんしては、これまでに、私の手がけたもの（『キェルケゴールの日記――哲学と信仰のあいだ』）を含め、ごく一部しか邦訳されてこなかった。だが、まもなく以文社より、計五巻、各約五〇〇頁で、『キェルケゴールの日記・ノート（仮）』が刊行される予定であり、これによりその重要な部分はおおむねカバーされることになる。

大学院以上のレベルでキェルケゴール研究に携わる場合には、今日では基本的に、彼のデンマーク語テキストを読みこなすことが求められる。本論で言及した、キェルケゴールの最新版原典全集（*Søren Kierkegaards Skrifter*）は、すべてウェブ上で無料で閲覧できる（https://teol.ku.dk/skc/sks/）。またキェルケゴール研究において必読となる二次文献としては、コペンハーゲン大学セーレン・キェルケゴール研究センターが中心となって刊行して

いる年鑑 *Kierkegaard Studies Yearbook* がある。こちらは有料ではあるが、やはりオンラインで入手できる（https://www.degruyter.com/journal/key/kier/html）。

デンマーク語は、ドイツ語やフランス語といったメジャーな言語とは異なり、授業科目を設定している大学は少ないし、語学学校などを探してもなかなか講座を見つけられないかもしれない。ひとまずは、大阪大学世界言語研究センターが作成し、ウェブ上で無料公開しているデンマーク語独習コンテンツ（http://el.minoh.osaka-u.ac.jp/flc/dan/index.html）などを活用して、基礎を身につけるのがよいだろう。

なお、些細なことだが、Kierkegaard の日本語表記は、「キェルケゴール」と「キルケゴール」が混在している。経緯は不明だが、伝統的に、関西圏の研究者は前者を好み、関東圏の研究者は後者を好むようである。どちらも Kierkegaard のデンマーク語の発音から遠いことには大差ない（なるべく正確に日本語に転写しようとすれば、「キアケゴーァ」あたりになる）。私個人は、所属している学会名（「キェルケゴール協会」）に合わせて、本や論文では「キェルケゴール」を使用するようにしている。パソコンでタイプするのがいくらか楽なので、本当は「キルケゴール」を使用したいとも思っている（「ェ」を出力するのは少し面倒くさい）。

参考文献

キェルケゴールの著作など

キェルケゴールの著作、日記、ノートの引用、参照にあたっては、最新版原典全集（*Søren Kierkegaards Skrifter*, bd. 1-28, K1-28, udg. af Niels Jørgen Cappelørn, Joakim Garff, Anne Mette Hansen og Johnny Kondrup, København: Søren Kierkegaard Forskningscenteret og G. E. C. Gads Forlag, 1997-2013）を底本とし、同全集（*SKS*）における巻数・頁数を記した。たとえば「*SKS*7, 91」は「*SKS* 第7巻91頁」のことである。

キェルケゴールの日記、ノートの引用、参照にあたっては、*Søren Kierkegaards Skrifter* における巻数・頁数のうしろに、テキストの種目・番号を付記した。たとえば「NB3:22」は「NB日記3巻22番」のことである。

キェルケゴールの著作、日記、ノートの邦訳は、すべて鈴木による。当該箇所について、邦訳書がすでに存在する場合は、読者の便宜のため、括弧内に邦訳書のタイトルと頁数を記した。言及された邦訳書は以下のとおりである。

『あれか、これか　第一部（上）』浅井真男訳、白水社、一九六三年（『キルケゴール著作集』第1巻）。

『人生行路の諸段階（下）』佐藤晃一訳、白水社、一九六四年（『キルケゴール著作集』第14巻）。

『金曜日の聖餐式における二つの講話』小林茂訳、新地書房、一九七九年（『キルケゴールの講話・遺稿集』第7巻）。

『キェルケゴールの日記——哲学と信仰のあいだ』鈴木祐丞編訳、講談社、二〇一六年。

『死に至る病』鈴木祐丞訳、講談社、二〇一七年。


キェルケゴールの伝記的事項の叙述は、基本的に、ヨーキム・ガルフによる評伝（Joakim Garff, *SAK: Søren Aabye Kierkegaard, En Biografi*, København: Gads Forlag, 2000）に依拠している。

ブルース・キアムセの手によるキェルケゴールにかんする証言集（Bruce H. Kirmmse, *Encounters with Kierkegaard*, Princeton: Princeton University Press, 1996）からの引用にあたっては、同書を略記（*EWK*）により指示した。

邦語文献

大谷愛人『キルケゴール教会闘争の研究』勁草書房、二〇〇七年。

大貫隆、名取四郎、宮本久雄、百瀬文晃編『岩波キリスト教辞典』岩波書店、二〇〇二年。

小川圭治『キルケゴール』講談社、一九七九年（人類の知的遺産48）。

鹿住輝之『キルケゴールのキリスト論——ハイベアとマーテンセンのキリスト論との関係で』立教大学博士学位論文、二〇二三年。

キェルケゴール、セーレン『キェルケゴールの日記——哲学と信仰のあいだ』鈴木祐丞編訳、講談社、二〇一六年。

工藤綏夫『キルケゴール』清水書院、二〇一四年（旧版一九六六年）。

鈴木祐丞『キェルケゴールの信仰と哲学——生と思想の全体像を問う』ミネルヴァ書房、二〇一四年。

鈴木祐丞『〈実存哲学〉の系譜——キェルケゴールをつなぐ者たち』講談社、二〇二二年。

須藤孝也『キルケゴールと「キリスト教界」』創文社、二〇一四年。

谷塚巌『キルケゴールのレトリック——キリスト教批判の実験的試み』京都大学博士学位論文、二〇二一年。

ディーム、ヘルマン「セーレン・キルケゴール——神に仕えるスパイ」岩永達郎訳、『キルケゴール研究』（『キルケゴール著作集』別巻）、一二五〜一七三頁、白水社、一九六八年。

納富信留『哲学の誕生——ソクラテスとは何者か』ちくま学芸文庫、二〇一七年。

橋本淳『セーレン・キェルケゴール年表』未來社、一九七六年。

橋本淳『逍遙する哲学者——キェルケゴール紀行』新教出版社、一九七九年。

橋本淳『セーレン・キェルケゴール　北シェランの旅——「真理とは何か」』創元社、二〇一四年。

藤野寛『キルケゴール——美と倫理のはざまに立つ哲学』岩波書店、二〇一四年。

安酸敏眞『レッシングとドイツ啓蒙——レッシング宗教哲学の研究』創文社、一九九八年。

欧文文献

Ammundsen, Valdemar, *Søren Kierkegaards Ungdom: Hans Slægt og Hans Religiøse Udvikling*, Køben-

havn: G.E.C. Gads, 1912.
Garff, Joakim, *SAK: Søren Aabye Kierkegaard, En Biografi*, København: Gads Forlag, 2000.
Hannay, Alastair and Marino, Gordon D.（eds.）, *The Cambridge Companion to Kierkegaard*, Cambridge: Cambridge University Press, 1997.
Kirmmse, Bruce H., *Encounters with Kierkegaard*, Princeton: Princeton University Press, 1996.
Lippitt, John and Pattison, George（eds.）, *The Oxford Handbook of Kierkegaard*, Oxford: Oxford University Press, 2013.
Troels-Lund, Troels, *Et Liv. Barndom og Ungdom med Portrætter*, København: H. Hagerups, 1924.
Martensen, Hans L., *Af mit Levnet: Meddelelser*, 1-3, København: Gyldendal, 1882-1883.
McKinnon, Alastair and Cappelørn, Niels J., "The Period of Composition of Kierkegaard's Published Works," in *Kierkegaardiana IX*, udg. af Søren Kierkegaard Selskabet, København: Rosenkilde og Bagger, 1974, pp.133-146.
Stewart, Jon, *Kierkegaard's Relations to Hegel Reconsidered*, Cambridge: Cambridge University Press, 2003.（ジョン・スチュアート『キェルケゴールは反ヘーゲル主義者だったのか?——彼のヘーゲルへの関わりを再吟味する』桝形公也監訳、萌書房、二〇二三年。）
Stewart, Jon（ed.）, *Kierkegaard Research: Sources, Reception and Resources*, vols. 1-21, London: Routledge, 2007-2021.

あとがき

大学三年生の春がすぎたころ、一人の友達ができた。

私は文学部哲学科に所属していた。彼はたしか法学部で、地元は神戸だった。修道会を母体とする大学とはいえ、信仰を持つ学生はほとんどおらず、彼ほどに篤い信仰心が言動ににじみ出る学生は、皆無に等しかった。彼をはじめて目にしたのは、宗教学関連の、学部横断的な授業でのことだったと思う。教員——カトリック教会の神父でもある——が示す、キリスト教についてのおそらく標準的であろう理解に、たびたび関西弁で難癖をつけていた。そんなあまのじゃくなところに、かえって固い信仰心が垣間見えた。

授業中のグループ・ワークで言葉を交わしたことがきっかけで、その後彼と、少しずつ親しくなっていった。率直に言って彼は、私がそれまでの人生で近しく付き合った人たちと、まったく毛色が異なっていた。たとえば彼は、服装や髪型にまったく無頓着であるように見えた。冬には、胸に大きく「AUSTRALIA」という文字の入ったセーターを着ていた。たぶんお土産に買ったかもらったか、あるいは誰かのおさがりだったのだろう。清潔で、快適であればそれでよかったのだ。二〇〇〇年代はじめは、まだ喫煙者が大学構内で幅をきかせていた。私も当時は喫煙者の一人で、「John Player Special」という、黒光りするパッケージの、見るからに身体によくなさそうなタバコを吸っていた。もちろんタバコを吸わない彼は、私に付き合わされてやって来た喫煙所で、「わざわざ身体に悪いことをすることあらへん」と、ぼそっと私を戒めた。そんな正論をまともに言われたのははじめてのことだった（タバコはそれからしばらくしてやめた）。

当時私は、彼を友達の一人と認識していたのだが、今振り返ってみれば、ほかの友達とは少し区分けしていたのかもしれない。彼と遊ぶということはほとんどなかった。ご飯をいっしょに食べることはあっても、お酒を飲みに行くことはまずなかった。それでも時間があれば、しょっちゅう待ち合わせて、いろいろな話をした。

今は取り壊されてしまった学生会館のなかに、当時小さな聖堂があった。彼はそこで、休みの日の早朝に、よく一人でお祈りをしていた。私は興味本位で、よくそれに付き合わせてもらった。神に「父さん」と語りかけている姿が、とても印象に残っている。冬を越え、もう春に近づいていていた。古い建物の窓から入る柔らかな日差しが、そんな彼の横顔と、祭壇のキリスト像を照らしていた。

四年生になるかならないかのころ、彼は修道会に入ることを決めた。修道士になって、南米の、ある国に行くのだという。私にはまったく理解の及ばないことだった。どうやら修道士になるとは、世俗の生活をなげうち、神に人生のすべてを捧げることであるらしい。だからもちろん結婚はできない。普通に仕事をすることもない。あと一年、大学生活をがまんしてやり過ごせば卒業できるのだし、せめてそのあとでもいいのではないか。だがもちろん、彼の意志は固かった。

そのころ私は言語に関心を持っていて、チョムスキーの生成文法やウィトゲンシュタインの哲学を勉強していた。大学院に進み、言語学か分析系の哲学を研究するつもりだった。だが私は、どうしても宗教というものを無視することができなくなってしまった。一人の人間の一生を、これほどまでに決定的に変えてしまうことができるそれは、いったい何なのだろう。キェルケゴールに本当に関心を持つようになったきっかけはここにあった。

その後彼は大学を中退し、南米に旅立っていった。私は大学院に進学し、いろいろあったのだが最終的に、キェルケゴールの研究に取り組むことになった。もちろんそれからの私の研究は、この原点からずいぶん遠いところにまで進んでしまった。とはいえやはり、私は結局、なぜ彼は南米に行ったのかという大きな問いに、心のどこかでずっと向き合ってきたのだと思う。

自分のこれまでのキェルケゴール研究の集大成として、キェルケゴールという人の全体像をこうしてまとめ上げてみると、自分が彼のことを、なんとなく、少しだけ、理解できるようになっている気がする。もちろんあの問いに対する、これだという答えはない。それでも、キェルケゴールが神に仕えるスパイとして生きたように、彼もまた彼なりに、神に仕えて生きているのだということくらいは、わかるようになった。

もう彼とは連絡をとっていない。連絡先もわからなくなってしまった。もし彼が何かをきっかけにこの本を手に取ってくれたら、とてもうれしく思う。

筑摩書房の加藤峻さんには、本当にお世話になった。私のような目立たない研究者の細々とした仕事に目をとめてくださり、このような本を出版する機会を与えてくださった。二人三脚でよい本を作り上げようとする加藤さんの編集者魂に、心からの信頼と敬意を寄せている。形式上この本の著者は私ということになっているが、加藤さんと連名にしてもいいのではないかと思っているくらいだ。この場を借りて改めてお礼申し上げたい。

二〇二三年一〇月

鈴木祐丞

著作年表

	著作家活動以前
1838年	9月7日『いまなお生ける者の手記より』
1841年	9月29日『イロニーの概念について』
	前期著作家活動
1843年	2月20日『あれか、これか』＊
	5月16日『二つの建徳的講話』
	10月16日『おそれとおののき』＊　『反復』＊　『三つの建徳的講話』
	12月6日『四つの建徳的講話』
1844年	3月5日『二つの建徳的講話』
	6月8日『三つの建徳的講話』
	6月13日『哲学的断片』＊
	6月17日『不安の概念』＊　『序文』＊
	8月31日『四つの建徳的講話』
1845年	4月29日『想定された機会によせる三つの講話』
	4月30日『人生行路の諸段階』＊
1846年	2月27日『哲学的断片への結びとしての非学問的後書き』＊
	3月30日『文学批評』
1847年	3月13日『さまざまな精神における建徳的講話』
	9月29日『愛のわざ』
1848年	4月25日『キリスト教講話』
	7月24〜27日「危機と、ある女優の生涯における一つの危機」＊

後期著作家活動

1848年	（7~10月）『私の著作家活動への視点』
1849年	5月14日『野の百合と空の鳥』
	5月19日『二つの倫理的－宗教的小論』＊
	7月30日『死に至る病』＊
	11月14日『「大祭司」-「徴税人」-「罪ある女」——金曜日の聖餐式によせる三つの講話』
1850年	9月25日『キリスト教の修練』＊
	12月20日『一つの建徳的講話』
1851年	8月6日『私の著作家活動について』『金曜日の聖餐式によせる二つの講話』
	9月12日『自己吟味のために同時代に薦める』
	（9月～1852年）『自ら裁け！』

教会闘争

1854年	12月18日「ミュンスター監督は「真理の証人」であったか、「まぎれもない真理の証人」の一人であったか——これは真実か？」
1855年	5月23日『これは言われねばならない、だから言わせてもらう』
	5月24日～9月24日『瞬間』第1号～第9号（第10号は同年11月刊行）
	6月16日『公認のキリスト教をキリストはいかに判断するか』
	9月1日『神の不変性』

・刊行の年月日を記した。生前未刊の著作の場合は（　）内に執筆年月を記した。
・仮名の著作には＊印を付した。
・本書で言及のない著作については、一部割愛したものがある。

ちくま新書
1772

キェルケゴール
——生《せい》の苦悩《くのう》に向《む》き合《あ》う哲学《てつがく》

二〇二四年一月一〇日 第一刷発行

著者 鈴木祐丞（すずき・ゆうすけ）
発行者 喜入冬子
発行所 株式会社 筑摩書房
東京都台東区蔵前二-五-三 郵便番号一一一-八七五五
電話番号〇三-五六八七-二六〇一（代表）
装幀者 間村俊一
印刷・製本 三松堂印刷 株式会社

ISBN978-4-480-07599-4 C0210

ちくま新書

277
ハイデガー入門
細川亮一
二〇世紀最大の哲学書『存在と時間』の成立をめぐる謎とは？　難解といわれるハイデガーの思考の核心を読み解き、西洋哲学が問いつづけた「存在への問い」に迫る。

589
デカルト入門
小林道夫
デカルトはなぜ近代哲学の父と呼ばれるのか？　行動人としての生涯と認識論・形而上学から自然学・宇宙論におよぶ壮大な知の体系を、現代の視座から解き明かす。

301
アリストテレス入門
山口義久
論理学の基礎を築き、総合的知の枠組をつくりあげた古代ギリシア哲学の巨人。その思考の方法と核心に迫り、知の探究の軌跡をたどるアリストテレス再発見！

029
カント入門
石川文康
哲学史上不朽の遺産『純粋理性批判』を中心に、その哲学の核心を平明に読み解くとともに、哲学者の内面のドラマに迫り、現代に甦る生き生きとしたカント像を描く。

020
ウィトゲンシュタイン入門
永井均
天才哲学者が生涯を賭けて問いつづけた「語りえないもの」とは何か。写像・文法・言語ゲームと展開する特異な思想に迫り、哲学することの妙技と魅力を伝える。

956
キリスト教の真実
——西洋近代をもたらした宗教思想
竹下節子
ギリシャ思想とキリスト教の関係を検討し、近代ヨーロッパが覚醒する歴史を辿る。キリスト教という合せ鏡をとおして、現代世界の設計思想を読み解く探究の書。

1685
絶望に寄りそう聖書の言葉
小友聡
働く空しさを嘆くコヘレト、災難に遭うヨブ、夢を叶えられないモーセ……、人生の絶望と苦闘する数々のエピソードから、現代社会を生き抜くヒントを読み解く。